RUDOLPH MOSHAMMER

Mein geliebtes München

RUDOLPH MOSHAMMER

Mein geliebtes München

HERBIG

Der Autor wurde im Januar 2002 mit dem *Münchner Geschichten-Preis*, gestiftet vom Bayerischen Landtag, ausgezeichnet.

Besuchen Sie uns im Internet unter:
http://www.herbig.net

Umschlaggestaltung: Atelier Seidel, Altötting
Motive: s.e.t., München; Getty-images
Herstellung und Satz: VerlagsService Dr. Helmut Neuberger
& Karl Schaumann GmbH, Heimstetten
Gesetzt aus der 13/17 Punkt Adobe-Garamond
Druck und Binden: Westermann Druck Zwickau GmbH
Printed in Germany
ISBN 3-7766-2272-5

Inhaltsverzeichnis

Inhaltsverzeichnis

Inhaltsverzeichnis

Vorwort

Griaß di Gott!

Zu den unvergesslichen Figuren des Münchner Lebens im letzten Jahrhundert zählten zu den »normalen« und »unnormalen« Bürgern Kaufleute, Schauspieler, Marktfrauen, Gwappelte und die, die es werden wollten, Adlige und die Schriftsteller, die immer ihre Liebe zu München zum Ausdruck brachten. Ludwig Thoma und viele andere faszinierten mich ganz besonders. Sie waren zu Hause in den Münchner Straßen und Vorortsgassen, den Wirtshäusern und den Isarauen. Wie schreiben sie selbst: Hier am Rande und in den stillen Winkeln der Großstadt spürten sie jene Käuze und Typen auf, die zu alltäglichen Helden ihrer treffenden Münchner Geschichten wurden. Ich als original Münchner Gwachs hatte schon als Jugendlicher Freude an den Schilderungen, die sich durch den charakteristischen Blick ihrer Autoren auszeichneten. So möchte ich nicht versäumen, ein paar Anekdoten daraus in diesem Buch zu erzählen.

Neben Ludwig Thoma zählten natürlich Karl Valentin, Liesl Karlstadt, Ida Schumacher, der Gondrell und der Weiß-Ferdl zu den ganz besonderen Käuzen, die der Stadt München mit ihrer liebenswerten und herzlichen, aber auch etwas kauzigen Art – und den Münchner Nachkommen – ein ganz besonderes Gepräge gaben.

Kapitel I

Mein geliebtes München

Vorweg möchte ich mich entschuldigen, dass ich von meinem München spreche, wie muss sich das für einen »Preußen« oder »Zuagroastn« anhören.

Aber wer nun München kennt, das Tor zum Süden, mit seiner südlichen Mentalität und Lebensart, und einmal die Gemütlichkeit und Herzenswärme zu spüren bekommen hat, der versteht vielleicht meine Liebeserklärung an München und versteht vielleicht auch, dass ich hier von meinem München spreche und wird es mir vielleicht auch verzeihen.

München kurz vor 1945. Der Krieg war fast zu Ende.

Und da ist es passiert. No a Münchner, der unbedingt in München geboren werden wollte. Schreiend, aber lachend und zur Freude aller – Oma Regina, Oma Fanny, Opa Hans und Papa Richard mit Mama Else – erblickte ich das Licht der Welt in München. Alle Glocken ham g'läut – nicht wegen mir, wie ich annahm, sondern weil's Sonntagmittag war. Mei muss i a Freid g'habt ham, nach den späteren Erzählungen von Mama und Papa und allen Verwandten zu urteilen. »So a freudig's Kerlchen«, ham's g'sagt, »und immer lachen

11

tut er.« Anscheinend wusste ich schon, warum – ich war ja auch in meinem München zur Welt gekommen. Meine ersten Worte, an die ich mich dann später erinnern konnte: »Ois is hi«, ham's g'sagt. Damit meinte meine Familie bei Kriegsende die zertrümmerte Stadt. Schön war es zu der Zeit nicht. Flair hat's auch keins gegeben. Aber die Menschen, die zum größten Teil aus Münchnern bestanden, haben ihren so herzlichen Lebensgeist trotz aller Not und trotz allen Kummers, die ihnen die Zeit bereitete, nicht verloren. Und es gab dann nur ein Thema: »Hinlanga und aufbau'n und des ham's g'macht.«

Oma Fannys schönes Geschäft in der Schwanthaler-, Ecke Paul-Heyse-Straße und das in Nymphenburg waren dem Erdboden gleichgemacht. Unser Haus, in dem wir wohnten, in der Widen-mayerstraße 29, blieb wie durch ein Wunder stehen. So hatten wir wenigstens nicht das Dach über dem Kopf verloren und schon zuvor hatten meine Eltern versucht, ihre schönsten Antiquitäten zu retten oder in Sicherheit zu bringen. Unsere schönen wertvollen Antiquitäten, die beide Familien seit Jahrzehnten sammelten. Das hatten wir gedacht, vielmehr meine Eltern. Denn auf dem Weg in die vermeintliche Sicherheit fand ein amerikanischer General, der ja in dieser Zeit als Besatzer fungierte und unweit unseres Hauses seine Residenz aufgeschlagen hatte, auch Gefallen daran. Er war so begeistert – da es wirklich exzellente Stücke waren –, dass er nur ein Wort sagte: »Beschlagnahmt!« und ganz schnell die Möbel mit ein paar Helfern auf einen Lastwagen, der vor unserem Haus parkte, ein-packte. Die Mama war außer sich. Sie bettelte und flehte und war ganz gebrochen. Nichts half und sie musste mit ansehen, wie der Wagen langsam mit unseren Werten davon fuhr. Sie lief dem Wagen nach und ein paar Häuser weiter in der Widenmayerstraße stoppte der Wagen und die Möbel wurden wieder ausgeladen – unsere Möbel. Mama rannte ganz erschöpft in den ersten Stock, wo unsere schönen Möbel ihre neue Bleibe finden sollten und bat erneut den General tränenüberströmt: »Bitte nehmen Sie uns doch nicht unser Letztes, was wir noch haben.«

Plötzlich stand dieser sichtlich ergriffen auf und befahl, alle Möbel im nächsten Moment wieder zurückzubringen. Mei, war des a Freid. Die Mama und wir waren glücklich.

Kapitel II

Buam-Erinnerungen

Wer in München aufgewachsen ist, der wird sich bestimmt an seine Jugendjahre erinnern und an diesen Satz – ein vertrauter Klang aus Bubenjahren:

»Dua di fei net aufmand'ln!«

Wie immer macht auch hier der Tonfall die Musik. Beim Bubenkrieg ist es nicht anders als in der großen Politik, mit Wort und Waffe. Die Kontrahenten haben, sofern sie einigermaßen gleichgestellt sind, eigentlich ein bisschen Angst vor ihrer Courage und warnen deshalb das Gegenüber, nicht allzu couragiert zu sein. Wenn ich mich an die Schulbubenzeit zurückerinnere, war zwischen einzelnen Straßenzügen immer ein offener und ein heimlicher Krieg unter den Buam angesagt. Ich als vom Elternhaus behütetes, feines exotisches Krischperl tat mich schwer, da mitzumischen, ja sogar einigen Hohn und Spott musste ich, der nicht mitmischen konnte, auch noch ertragen, aber ich verstand es gegenüber meinen Eltern immer geschickt, meine Kinderprobleme zu verheimlichen.

Das Kries befand sich hinter der vornehmen Widenmayerstraße, bestand aus kleinsten, meist selbstgezimmerten Häusern von armen Leuten und war mein Lieblingsspielplatz. Wie oft maßen sich

im Kries der Maxl und der Sepp im Vorbeigehen mit drohenden Blicken, aber jeder blieb – »bereit sein ist alles« – stehen.

»*Was schaugst d'nn du do, du Depp?*« Und des Gleiche hat der a noch z' mir gesagt, weil i Aug'n hab: »*Wann i Hörner hätt', dad i stöß'n und wenn ich Zuckerhörndln hätt', dad ich's fressen*«, hat der Maxl gesagt. Dann trat der eine einen halben Schritt näher, zuckte ein wenig drohend die Schulter gegen die des anderen. »*Dua di fei net so aufmand'ln*«, sagte der andere. Man hatte nun den Eindruck, dass sich beide mit ihrem Gehabe genügend Ehre verliehen und sich gegenseitig von ihrer Stärke und ihrem Schneid überzeugt hatten.

Und so sind wir alle drei, stillschweigend und im Alleingang, wieder verschwunden und heimgegangen.

Das herrliche alt-bayrische Wort »aufmand'ln«, das so bildhaft und sinnlich ist, gehört für mich zu einem der schönsten Wörter des bayrischen Wortschatzes. Und heute noch erinnert man sich gerne an die Bubenzeit, wenn das alte Wort von einem Bayern unter den vielen G'schaft'lhubern, die um uns herum sind, fällt, und er dann mutig sagt: »*Dua di fei net so aufmand'ln!*«

Also geben wir es doch zu, ich glaube, dass alle Männer es so in sich haben und sich der eine mehr, der andere weniger, auch heute noch aufmandelt. In jedem Mann steckt heute noch der Bua von damals. Sie haben wahrscheinlich alle ihre Bandenkriege aus ihrer Jugendzeit bis heute nicht vergessen. Also, wenn man so drüber nachdenkt, dann findet doch das größte »Aufmand'ln« bei den Politikern statt. Man hat den Eindruck, sie kommen mit dem gegenseitigen »Aufmand'ln« gar nicht mehr nach. Und der eine möchte den ande-

ren gleich »aufmand'lnd« unterbuttern. Aber das schönste »Aufmand'ln« findet, wie man es auch in des Herrgotts Tierwelt beobachten kann, bei den Mandeln statt, wenn irgendwo ein weibliches Wesen im Spiel ist.

Da wird das Jackett straff gezogen, da wird durch Wölbung der Mannesbrust noch mehr Stärke, als man ohnehin schon hat, zum Ausdruck gebracht, und die Krawatte wird mit einem selbstsicheren Ruck in die richtige Bahn gebracht. Und das alles nur, weil der Pfau sein Rad schlagen möchte. Wie sagt der Bayer: *» Wer ko, der ko!«* Alles nur, weil vielleicht ein gegenüberstehender Kontrahent die Augen auf das gleiche Mad'l hat, das man seit Stunden, ganz verlegen und schüchtern, angeschaut hat und sich bis zum jetzigen Zeitpunkt nicht getraut hat, ihm mit verstohlenem Blick näher zu kommen.

Wenn jeder in unserer Welt erkennen würde, dass er für das dankbar sein soll, was er in die Wiege gelegt bekommen hat, und eine dementsprechende Wertschätzung dem Gegenüber mitbrächte, dann bräuchten wir das »Aufmand'ln« nicht mehr.

… und dann dad's das schöne Wort »Aufmand'ln« gar nimmer geben!

Kapitel III

Die Geschichte des Münchner Ausdruckes »Wer ko, der ko.«

Unter der Regentschaft des Königs Ludwig I. in München gab es ein ungeschriebenes Gesetz, das aus Anstand, Form und Würdigung dem König gegenüber hervorging: Der König durfte in seiner Pferdekutsche nicht überholt werden.

Zu gleicher Zeit gab's in München einen bekannten Pferdehändler und Lohnkutschenbetreiber mit dem Namen Xaver Krenkl. Er lebte von 1780 bis 1860 und ist berühmt geworden für seine schnellen Pferde und seine englischen Vollblutgalopper. Auch König Ludwig I. kaufte einige Pferde von ihm. Als König Ludwig I. bei einer Kutschfahrt im Englischen Garten von Xaver Krenkl voller Stolz mit seinen schnellen Pferden unter Nichtbeachtung der »höchsten bayerischen Abmachung« überholt wurde, sagte der König zu Krenkl: »Er weiß wohl nicht, dass das Vorfahren verboten ist.«

Und Krenkl sprach zurück: »Majestät, wer ko, der ko!«

Kapitel IV

Xaver Krenkl

Münchens ausgeprägtestes Original, Xaver Krenkl, wurde nicht in der Landeshauptstadt geboren. Er kam am 17. November 1780 in Landshut zur Welt. Sein Vater war ein Uhrmachermeister; er nahm ihn nach seiner Schulzeit zu sich ins Geschäft. Doch das Stillsitzen am Arbeitsplatz, das Hantieren mit Lupe und mit kleinen Rädchen und Schräubchen war nicht nach seinem Geschmack. Als er auf eigenen Füßen stehend seinen Lebensunterhalt selber verdienen konnte, lief er von daheim fort und wanderte nach München. In der Neuhausergasse quartierte er sich bei den Bäckermeistersleuten Grüner ein. Er fand im Tal bei einem Gastwirt, der Botenfuhrwerke abfertigte und einen Pferdehandel betrieb, Arbeit. Für die Boten aus der Provinz, die mit ihren Plachenwagen jede Woche nach München fuhren, musste er in der Stadt zahlreiche Besorgungen erledigen. Außerdem hatte er beim Pferdehandel den Käufern die Rösser vorzuführen. Er war fleißig und gefällig und nahm reichliche Trinkgelder ein. Und da er recht genügsam war, füllte sich sein Sparstrumpf. Bei seinen Logisgebern, den Bäckersleuten, fühlte er sich sehr wohl. Dies vor allem deswegen, weil ihm deren Tochter Theresa ausnehmend gefiel. Zwischen den jungen Leuten entwickelte sich eine Liebschaft. Den vermögenden Eltern war dies nicht recht, sie meinten, dass ihrem einzigen Kind eine bessere Partie zustünde als ein rauer ungeschlachter Hausknecht.

Zunächst meldete sich Krenkl im Krieg gegen Napoleon bei den freiwilligen Jägern und tat sich durch Tapferkeit rühmlich hervor. Der Krieg war zu Ende und die Liebesleute hielten immer noch treu zueinander; da gaben die Eltern ihr Jawort. Krenkl hatte in den 15 Jahren, die er bisher in München zugebracht hatte, erhebliche Ersparnisse zurückgelegt. Vielleicht hatte dieser Umstand bei dem Einverständnis der Eltern eine Rolle gespielt. Sie mochten gedacht haben, ein sparsames Raubein ist besser als ein geschniegelter Verschwender.

Das junge Paar pachtete zunächst eine Gastwirtschaft. Daneben fing Xaver auch schon an, sich mit dem Pferdehandel zu befassen. Nach dem Tod der Eltern verkauften sie die Bäckerei und erwarben in der Schillerstraße ein weitläufiges Anwesen. Krenkl betrieb dort eine Lohnkutscherei und eine Pferdehandlung. Das Unternehmen florierte, weil er mit Fleiß und Umsicht seine Geschäfte betrieb. Die Eheleute kamen zu einem guten Ansehen und zu einem stattlichen Vermögen. Darüber hinaus erwarb sich Krenkl mehr und mehr eine erfreuliche Popularität. Er war schlagfertig und reichlich derb; wenn man ihn »auf den Arm nehmen« wollte, konnte er recht ausfallend werden.

Trotz aller Derbheit war Xaver Krenkl ein herzensguter Mann. Jeden Tag ging er in die Kirche und nach der Messe verteilte er Al-

mosen. Zu einer Spende kamen aber nur nüchterne Arme. Wer nach
Schnaps stank, wurde abgewiesen.

Bei den Münchner Oktoberfestrennen betätigte er sich selber als
Rennreiter. Dabei gelang es ihm meist, den 1. Preis zu erzielen. Einmal ging es ihm nicht nach Wunsch; er musste sich mit dem 4. Platz
begnügen. König Ludwig I. neckte ihn mit der Frage, ob er wieder
den 1. Preis bekommen habe. Darauf Krenkl: »An Dreck, Majestät,
bloß an 4. Platz.«

Einmal kam ein zungenfertiger norddeutscher Geschäftsreisen-
der zu Krenkl. Er stellte sich als Vertreter einer bekannten Hamburger Firma vor. Auf der Reise nach Innsbruck und Triest sei ihm sein
Kutschpferd erkrankt. Er brauche ein neues Pferd. Nur könne er
seine Reisekasse nicht stark schwächen, darum müsse er den Vor-
schlag machen, dass er den Preis für das neue Pferd mit erstklassiger
Vanille bezahle.

Da fiel ihm Krenkl ins Wort: »Papperlapapp, da 's Pferd,
da 's Geld is' bei uns Brauch. Haha, der Krenkl und Fanille, na,
na!«

»Aber mein Herr, Vanille wie die meinige ist so gut wie bares
Geld. Sie können noch einen zusätzlichen Gewinn erzielen. Ich lasse
Ihnen die Ware zu einem niederen Preis. Jeder Konditor wird Ihnen
die hochwertige Vanille zu einem hohen Preis abnehmen. Zur Probe
lasse ich Ihnen eine gewisse Menge als Muster hier. Erkundigen Sie
sich bei jedem Fachmann über den Wert der Ware.«

Krenkl schwankte in seinem Entschluss. Teils aus gutem Herzen,
teils weil ihm ein zusätzlicher Gewinn in Aussicht stand, stimmte er

zu. Er ließ sich ein Muster aushändigen und bestellte den Hamburger um die Mittagszeit wieder zu sich. Beim Kaffeesieder Tambosi am Hofgartentor war er Stammgast, dort holte er sich umgehend Rat. Der Italiener Tambosi roch an der Probe und besah sie genau: »Ja, das ist gute Ware, sehr feine Vanille. Nehm ik dir gleich ab, jede Menge«, dabei bot er einen sehr anständigen Preis.

Um die Mittagszeit händigte Krenkl dem Handlungsreisenden ein recht gutes Pferd aus. Dafür erhielt er ein großes Paket Vanille. Nachmittags, als er wie gewohnt bei Tambosi seinen Kaffee nahm, brachte er das Paket mit. Es dauerte nicht lange, da stürzte Tambosi aus seiner Küche. »No, no, das kann ik nix gebrauken! Is nur sleket, stinkige Kraut«, dabei legte er die Lieferung auf den Tisch. Dem Krenkl verschlug es die Stimme. Erst nach längerer Zeit schlug er sich auf sein Hirn: »O ich drei Mal patentiertes Rindvieh, o ich Riesendepp, hat mich der Lump prellt! Hab i net glei' g'sagt: I und a Fanille!«

Seitdem ist der Krenkl jedes Mal fuchsteufelswild geworden, wenn ihn einer gefragt hatte, ob er keine Vanille zu verkaufen habe. Da war es das Mindeste, dass er das klassische Zitat aus dem »Götz von Berlichingen« zitierte.

Beim folgenden Oktoberfest wollte Krenkl nach dem Ende des Pferderennens vom Festplatz wegfahren. Die Bürgerwehr, die den Ordnungsdienst versah, hinderte ihn daran, weil zuerst die Hofkutschen abfahren sollten. Krenkl musste warten. Im Vorbeifahren beugte sich Ludwig I. etwas aus seinem Wagen: »Krenkl, wer kann, der kann!«

Nach den Pferdesport war Krenkls zweite Leidenschaft der Theaterbesuch. Trauerspiele waren ihm verhasst, es musste »gut hinausgehen«. Regelmäßig fragte er an der Kasse: »Kriag'n sie sich, oder geht's schlecht naus?« Wenn letzteres der Fall war, verzichtete er auf den Besuch.

Im Schweigertheater fühlte er sich einmal gestört, weil zwei Herren hinter ihm sich dauernd ziemlich laut unterhielten. Nach einiger Zeit wurde er fuchtig: »I muaß scho bitten, dass die Herrn staad san. I versteh ja nix von dem Stück.«

Indigniert erwiderte einer der Herren: »Halten Sie den Mund; Sie wissen ja nicht, mit wem Sie reden.«

» Na, i bin net neugierig.«

»Ich bin der Magistratsrat Fuchs.«

»So, dass S'a Viech san, hab i mir denkt, aber dass S'a Fuchs san, hab i net gwusst!«

Krenkl war schon über 70 Jahre alt, da wurde die Schillerstraße verbreitert. Die Stadt machte den Gutseigentümern ein Kaufangebot für die benötigten Flächen. Krenkls Nachbarn traten an ihn heran, er möge den Verkauf verweigern, damit ein höherer Preis erzielt werden könne. Da wurde der Alte ernstlich böse: »Ja, glaubt's denn ihr, dass i scho so alt worden bin, dass i d' Stadt b'scheißen möcht? Nix da, i geb den Grund zum Schätzpreis her!«

Einmal fragte ihn ein Kaufmann, warum er denn in seinem Alter noch Handel treibe. Krenkl darauf: »Alles nur wegen dem Geld.« – »Bei Ihnen hört man nur immer Geld, Geld.« – »Und für was han-

deln nachher Sie?« – »Na, der Ehre wegen.« Danach Krenkl: »Also, da handelt a jeder wegen dem, was eam abgeht.«

Der eifrige Theaterbesucher Krenkl war mit Leib und Seele von der Handlung der Bühnenstücke ergriffen. In einem Räuberstück im Schweigertheater in der Au schlich sich der Bösewicht mit gezücktem Dolch von hinten her auf den Helden des Stückes heran. Von der spannenden Handlung fortgerissen schrie Krenkl laut und vernehmlich: »Geh weg, du Rindvieh, der drescht di ja!«

Im Alter von 80 Jahren war Krenkl beim Stuttgarter Pferdemarkt. Nach seiner Gewohnheit besuchte er abends das Theater. Da traf ihn in einer Loge im 3. Rang ein Herzschlag, dem er sogleich erlag. Drei Tage später, am 26. April 1860 fanden sich Tausende seiner Mitbürger auf dem Friedhof ein, um seine Beisetzung mitzuerleben. Er war wegen seines kernigen Humors, seiner edlen Mildtätigkeit und seines Bürgersinns populär und beliebt und erfreute sich noch im Tode allgemeiner Achtung.

Das erste Münchner Oktoberfest

Kein Ereignis bringt jedes Jahr so viele Fremde nach München wie das Oktoberfest. Sein »Geburtstag« ist der 17. Oktober 1810, sein Erfinder Andreas Dall'Armi, Major der Kavallerie-Division des Bürgermilitärs. Er bat den König, zum Vermählungsfest des Kronprinzen Ludwig mit Therese Charlotte Luise, Prinzessin von Sachsen-Hildburghausen, auf der Wiese am Fuß des Sendlinger Bergs ein Pferderennen veranstalten zu dürfen. Er erhielt die Erlaubnis und organisierte das erste Münchner Oktoberfest. Von der Ankunft der Königsfamilie berichtet die Chronik: »Unter dem Schall der Musik und unter dem Jubelgeschrei des Volkes, aus dessen Munde sich die Akklamation der ganzen Nation aussprach, schmolzen die Herzen und vergingen die Augen vor Freudentränen.« Wenig später »geschah das Zeichen zum Absprengen der Renner, welche die Bahn von 11 565 Schuh in 18 Minuten 14 Sekunden drei Mal umsprengten«. Die Preisträger waren damals: 1. Franz Baumgartner, Lohnkutscher zum Spanner in München. 2. Georg Liebel von Metzing bei Vilsbiburg. 3. Xaver Krenkl, Neugartenwirt von München.

Zu Pferderennen auf der nach der Braut benannten Theresienwiese kamen in den folgenden Jahren weitere Attraktionen hinzu.

Bereits 1811 wurde eine Zuchtviehausstellung veranstaltet, wenige Jahre später wartete auf die Münchner bereits ein reiches Angebot von Schaustellern, Buden, Schaukeln, Karussells. Das Volksfest wurde bald zum Anziehungspunkt für alle Bürger Bayerns. Bereits 1835 zählte man 50 000 Gäste. Kronprinz Ludwig hat das Fest von 1810 mit folgenden, in die Zukunft weisenden Worten gewürdigt: »Volksfeste freuen mich besonders. Sie sprechen den Nationalcharakter aus, der sich auf Kinder und Kindeskinder vererbt.«

Kapitel V

Mein Wohnzimmer

Meine Stofflehre verbrachte ich bei der Stoffgroßhandlung »Ernst & Knecht« in der Kaufingerstraße im ersten Stock oberhalb von Woolworth, Eingang »Kaffee am Dom«. Eine harte Zeit war das für mich schon, und das gleich im doppelten Sinn. Zum Ersten, da ich jeden Tag den Eingang vom »Kaffee am Dom« benutzen musste, um durch die Passage in den ersten Stock zu meinem Arbeitsplatz zu gelangen, da schlug einem das Herz jeden Tag von neuem immer höher und höher. Das »Kaffee am Dom« war bekannt für seine jungen, bildhübschen Kaffeeserviererinnen und ganz besonders eine, die Annie: mit langen, großen blonden Zöpfen, auch der Rest war nicht übel, und was in dem G'wand so drin steckte, das war erst recht nicht zu verachten. Ja, da sah man schon, was dro war an der Annie, die war halt guat beinand, mit dem G'stell und mit dem G'wand. Und zum Zweiten jagte man mich täglich an meinem Arbeitsplatz die extrem wackeligen Leitern der vier Meter hohen Räume hinauf, und immer an das letzte Fach, zu einem riesengroßen Stoffballen, der um vieles größer war als ich, vor allem in der Breite. Ich sollte von unten nach oben oder von oben nach unten einsortieren. Dass ich diesen Trapezakt in meiner Lehrzeit ohne Unfall überstanden habe, grenzt

heute für mich noch an ein Wunder. Wobei ich mir bis heute allerdings nicht sicher bin, ob mein tägliches Schwindelgefühl von den hohen Leitern kam oder doch von der Annie. Und ob all diesem Rauf und Runter und all dieser Schlepperei eine zwingende Notwendigkeit zu Grunde lag. Ich wurde schon damals das Gefühl nicht los, »die wollten dich halt nur tratzen«. Aber gehorsam und pflichtbewusst schleppte ich die Stoffballen bis zum Ende meiner Lehrzeit.

Meine schönste Erinnerung an diese Zeit war, mitzuerleben, wie mein München, das ich inzwischen als großes Wohnzimmer, mein großes Wohnzimmer betrachtete, eingerichtet wurde. Die im Krieg ausquartierten, alten bleiverglasten Kirchenfenster aus dem gotischen Kirchenschiff unseres Liebfrauen-Doms, erbaut 1468–1488, kamen wieder zurück und täglich erfreute ich mich daran und beobachtete in meiner Mittagspause, die ich jeden Tag im Dom verbrachte, wie der Dom immer mehr an Einrichtung dazu gewann. Hier ein zusätzlicher Seitenaltar, der aufgestellt und vollendet wurde, dort noch große goldene Renaissance-Kandelaber, die neben dem Hauptaltar ihren Platz fanden … Und trotz all dem, was in dem Dom dazu gekommen ist, strahlt er noch heute eine gotische kalte nüchterne Pracht aus. Umso mehr freute ich mich damals, als ich im Dom eine kleine gotische Tür öffnete, dahinter eine Kapelle entdeckte, die einem allein schon so viel Geborgenheit und Wärme schenkte, dass sie in all den Jahren, von meiner Jugend an, mein Zufluchtsort geworden ist, um zu beten und mich zu sammeln.

Unweit vom Dom, schräg gegenüber vom Seiteneingang, blieb bis zum heutigen Tag das berühmte Nürnberger-Bratwurstglöckerl.

Das Bratwurstglöckerl war und ist seit mehreren Generationen eine Institution von München. Das Bratwurstglöckerl hat Weltruhm erreicht, nicht nur wegen seiner kleinen feinen Nürnberger Rostbratwürstchen, die über dem offenen Buchenfeuer für jedermann sichtbar gegrillt und auf alten Zinntellern mit Kraut serviert werden, und nicht nur wegen der Herzlichkeit seiner traditionsreichen Wirtsfamilie, sondern wegen der oft nicht für jeden Fremdling verständlichen, herzhaft rauen, oft gar zu rauen Bedienung. Man muss schon ein Eingeweihter sein, um diese Münchner Herzlichkeit immer richtig und mit Freuden zu verstehen. Mir Einheimischen ham damit immer unsre Freid gehabt, nur der eine oder andere Fremdling wird damit schon seine Schwierigkeiten gehabt haben, nicht zuletzt vielleicht auch der Wirt selbst, der gegen seine herzhafte, raue Macht der Bedienungsarmee nur schwer ankämpfen konnte. Schützten doch all die Bedienungen, die Vera, die Rosa, die Maria, Lore und wie sie alle hießen, ihre alten Stammgäste, indem sie die wenigen Tische, die in dem unteren Raum zur Verfügung standen, bis auf Messer und Gabel verteidigten und ein Fremder oft keine Chance hatte, einen Platz an einem fast leeren Tisch zu ergattern. Die Fremden wurden dann höflich und galant in die erste Etage gebeten: »Bitte nach oben!«, ham's allawei g'sagt.

»Mir san mir, und die da do sitz'n, sitz'n da!«, hat einmal der »Herr Tambosi« gesagt. Tambosi stammte aus einer alten Münchner Generationsfamilie, die einst das berühmte »Annast« am Hofgarten besaß. Er nützte oft seinen täglichen Stammplatz am Stammtisch. Die Mama hatte mit dem Herrn Tambosi eine ganz besondere Freude, da sie sich doch all ihre Erinnerungen und Gedanken, wenn wir öfters ins Bratwurstglöckerl gingen, verbunden mit ihren Münchner Geschichten, erzählen konnten. Die Rückwand vom Stammtisch ziert eine Reihe Bilder von zahlreichen Prominenten, die alle das Bratwurstglöckerl liebten. Und ich kann mich erinnern, wie ich als unwissender Jugendlicher mit Mama, die mit ihren Eltern schon das Restaurant besucht hatte, ins Bratwurstglöckerl ging und Ilse, die damalige Wirtin fragte, warum nicht Mamas Bild, als langjähriger Gast, an dieser Renommierwand hinge. Darauf sagt die Ilse: »Du Rudi, da derfst froh sein, denn die da hängen, die san ja alle scho g'storben.«

Heute hat die Mama ihr Platzerl an dieser von mir so heiß begehrten Wand gefunden.

Unvergesslich bleiben die Stunden im Bratwurstglöckerl, als wir die alte Uhr an der Wand ticken hörten, dann saßen Ilse, Baby, und ihr Bruder, Herr Beck, mit uns in Ruhe beisammen und wir konnten gemeinsam nach der Sperrstunde das Bratwurstglöckerl bei interessanten, oft kontroversen Gesprächen genießen. Dachten wir – bis zu dem Moment, als Herr Beck auf die Idee kam, ein kleines Holzfasserl des bayrischen Lebenselixiers, des Münchner Biers, vor unserem Tisch zu platzieren, und mich aufforderte: »Ruderl, jetzt musst du dein erstes Bier anzapfen!«

Das tat ich dann auch, zum Leidwesen aller anderen, denn der erste Schlag ging daneben, der zweite Schlag auch und beim dritten waren alle pitsch patsch nass und das Lokal stand nicht unter Wasser, sondern – unter Bier. Es schien, als hätte mir der Wirt das Angebot zum ersten und letzten Mal gemacht.

Kapitel VI

Die Weißwurst

Wenn am Vormittag die Zuagroasten, Fremden, Auswärtigen, und sonstigen Weltenbummler in München ihren Pilgerweg über Dallmayr zur Maximilianstraße fortsetzen, um beim Moshammer-Fensterl Mosi und Daisy zu schauen, dann ist das Ziel meist das Hofbräuhaus um die Ecke. Zu dem köstlichen bayrischen Lebenssaft wird meistens im Hofbräuhaus »mutig« eine Weißwurst bestellt. Man kann beobachten, wie die meisten Fremdlinge der ersten Begegnung mit der Wurst hilflos gegenüber stehen und ganz verzagt vor ihrem vermeintlichen Frühstücksleckerbissen sitzen.

Es findet sich aber immer ein barmherziger Einheimischer, der sich ihrer erbarmt und der sie in der Behandlung der bayerischen Essenskultur – dieser bayerischen Heimatwurst – unterrichtet.

Ein altes Münchener Sprichwort heißt »*A Weißwurst derf des Zwelfeleiten net hören.*«

Das heißt nix anders als: Sie ist ein Morgengaumentratzler. Also auf Hochdeutsch ein Frühstücksgericht oder ein Appetitbissen. Ganz stillos und unverzeihlich ist es, eine Weißwurst nachmittags oder abends zu bestellen und gar noch zu essen.

Dieses Handeln würde bei jedem Einheimischen tiefes Misstrauen und pure Verachtung auslösen.

Aber ein richtiger bayerischer Energie- und Lebenswecker für alle, die sich die Nächte um die Ohren schlagen und meistens nicht mehr vor dem Morgengrauen ihr Heim finden, das ist die Weißwurst mit einem Weißbier zwischen zwei und fünf Uhr früh – wunderbar …

Fast jeder Fremde steht diesem bayerischen Nationalessen – der Weißwurst – zumeist ablehnend gegenüber. Sie ist ihm immer zu lätscherd oder zu wenig kernig, ja einfach zu fremdartig im Geschmack. Viele Fragen stellen sich beim Anblick dieser Weißwurst auf dem Teller: Soll man sie auszuzln oder mit Messer und Gabel essen?

»Nö nö nö. Das Zuzeln kieckt ja unästhetisch aus«, sagt die Dame gegenüber vom Stammtisch im Hofbräuhaus, die ihre Herkunft dem Eingeweihten nicht verraten muss.

»Dazu braucht man ja eine chirurgische Technik«, sagt ihr Herr Gemahl. »Da schaun's nur her, Herr Nachbar«, sagt die einheimische Hilfreiche und denkt sich: Au weh, Zwick, des werd a längere Prozedur, bis die des können und damit auch noch a Freid haben.

Nach den ersten Übungen, die Wurscht dann doch noch zu verzehren und versuchen zu genießen, sprach die Dame mit dem Dialekt: »Man muss eben erst auf den Geschmack kommen.« Und plötzlich findet sie, dass die Wurst geradezu schmackhaft ist, ja gar richtig gut schmeckt. »Fräulein«, sagt sie zur Bedienung, »bringen Sie mir noch so'n Paar Weißwürstchen.« »›Weißwürstchen‹, hast des

g'hört«, kann man aus den versteinerten Mienen der Stammgäste an ihrem Nachbartisch lesen.

Sofort fragt man die Kassiererin nach dem Rezept und sprüht voller Ideen und Gedanken, vielleicht auch in Berlin ein Geschäft damit zu machen. Die Bedienung sieht die Dame nur mitleidig an: »Die Weißwürscht kennan S' net nachmacha. Die wer'n nur bei uns was.«

Das Geheimnis vom Weißwursterfinder Sepp Moser wird fast so gehütet wie ein Staatsgeheimnis und ist für die, die es wissen und die ihr Handwerk gut beherrschen, ein reiner Goldsegen, wenn sie von Mund zu Mund weiter empfohlen wird. »Du, da beim X-Bräu gibt's die besten Weißwürscht.«

Kapitel VII

Entstehung der Weißwurst

Sie wurde von dem Wirt Sepp Moser, der die Gaststätte »Zum ewigen Licht« am Marienplatz führte, am 22. Februar 1857 erfunden.

Kaum zu glauben, dass die Erfindung der Münchner Weißwurst aus einer Notlage heraus entstand. Was war passiert? Am Rosenmontag des Jahres 1875 hielten die Ratsherren und die Honoratioren in der Einkehr »Zum Ewigen Licht« ihren gewohnten Frühschoppen ab. Der Appetit war groß und die begehrten Münchner Stadtwürste gingen dem Wirtsmetzger Josef Moser bald aus. Nachschub zu beschaffen war an diesem Faschingsmorgen schwierig, denn es fehlten die passenden Därme für die Würste.

Doch als g'standener Münchner hatte Sepp eine pfiffige Idee: Das vorbereitete Wurstbrät wurde einfach in die noch vorhandenen Bratwurstdärme gefüllt und gebrüht. Bald kamen die dicken weißen Zipfel in große Schüsseln mit heißem Wasser auf den Tisch. Die Ratsherren kosteten und seufzten selig auf: »Ah, Weißwürscht!« hieß es, und so werden die aus der Not geborenen Brühlinge heute noch genannt.

Der Erfolg dieser Kreation ließ nicht lange auf sich warten. Die Ratsherren verzehrten so viele Würste wie nie zuvor im »Ewigen Licht«. Josef Moser verfeinerte in der Folgezeit das Rezept mit Marcisblüte, Zitronenschale und viel frischer Petersilie. Die Münchner Weißwurst erhielt ihren unverwechselbaren Geschmack und trat von diesem Wirtshaus ihren Siegeszug an. Nach über 140 Jahren ist sie die Münchner Spezialität und wird am besten mit einem Weißbier, Brezn und süßem Senf verzehrt.

Kapitel VIII

Die Münchner Trambahngeschichten Weiß-Ferdls und meine Erinnerungen

Mei, was für eine Zeit, in der wir heute leben dürfen oder »müssen«. Ois is computerisiert. Sogar bei der Straßenbahn hat der Computer seinen Einzug gefunden und ist unerlässlich geworden. Gäste, die auf eine Trambahn warten, können heut schon sogar bei einigen Haltestellen auf einem Display erkennen, wann ihr Beförderungsmittel ihnen vor der Nase stehen soll. Auf die Minute genau! Also, mit den Minuten is des so a G'schicht, da nehmen sie's oft halt nicht so genau: »Man derf halt nicht so kleinlich sein«, sagt der Münchner an der Haltestelle und gibt geduldig a paar Minuten dazu.

»Da schau her, jetzt kommt die Trampelbahn«, kann ich mich noch erinnern, hat man in meiner Kinderzeit gesagt, wenn man in einer wogenden unruhigen Menschenmasse gestanden hat, in der alle das gleiche Wort ausgesprochen haben, die einen nuschelnd, die andern energisch, kraftvoll, deutlich: »Jetzt kommt's!« – damit war die herannahende weiß-blaue Straßenbahn mit ihrem Münchner-Kindl-Wappen gemeint. Man konnte sie nicht nur sehen, sie war auch nicht zu überhören, da sie schon von weitem mit ihrem Bim-mel-Bammel jeden ermahnte: »Weg von die Gleis, jetzt komm i!«

»Trampelbahn« deshalb, weil jetzt das Getrampel erst richtig los ging: Jeder wollte gleich der Erste sein. Mit Stöcken, Schirmen, Rucksäcken, Koffern und einer Portion Ellbogengewalt wurde sich der Platz nach vorne erkämpft. Höflichkeit und Rücksichtnahme gab es in dieser Aufregung, um in eine fast überfüllte Trambahn noch hineinzukommen, überhaupt nicht. Man ließ sich halt mitstoßen und musste mitmachen in der Menge, um in diesem Sog zu überle-ben.

Aber wenn du die raue Art und die Kraft mit den Ellbogen nicht besessen hast, hast du keine Chance gehabt und bist natürlich auch nicht hineingekommen.

Und Mama und ich warteten zum zweiten Mal wieder eine halbe Stunde oder noch länger mit der Hoffnung, doch vielleicht in die Nächste hineinzukommen. Und des Gerangel, Gestoße, Geschubse begann wieder von vorne. Mama nahm mich bei der Hand und sagte ganz aufgeregt: »Bleib nur da, i hob di schon ganz fest.« Und ohne viel dazuzutun, sind ma halt beide nei'g'schubst worden. Bewegen konnte man sich nicht mehr, aber man war drin. Und dachte nur: Wie komm' ich da wieder raus? Die Trambahn fuhr langsam an, da sprangen noch einige Mutige auf das Trittbrett auf und hingen wie die Klammeraffen an den Wägen. Nicht nur Trittbrettlfahrer gab es, die mutig sein mussten, sondern auch einige, die unter Einsatz des Lebens ihren Platz stehend zwischen den Wagons auf den Puffern

gefunden hatten und nach jeder Kurve froh waren, diese heil überstanden zu haben.

Der Schaffner mit seinem Müller-Mützerl und der blauen Uniform und seinem Zehnerlretourgeldautomaten – »Galopp-Wechsler«, wie man auch gesagt hat – um den Hals konnte meistens seiner Tätigkeit als »Billettlzwicker« wegen totaler Überfüllung nicht gewissenhaft nachkommen. Man konnte immer seinen Ansatz beobachten, sich verbissen, aber auch mutig durch die Menschenmenge durchzuhanteln, was er aber meistens wegen Erschöpfung nach einiger Zeit aufgab. »Noch jemand ohne?«, hat er immer durch die Menge geschrien.

Unser Weg führte mit der Linie 20 von der Thierschstraße über das Max-II-Denkmal zum Tierpark Hellabrunn. Das war schon buchstäblich eine Reise! Musste doch die Trambahn des Öfteren nach einer scharfen Kurve unterwegs anhalten, der Trambahn-Fahrer aussteigen und mehrmals mit viel Geschick versuchen, das »Stangerl«, das als Stromabnehmer diente, mit seinem »Radl« wieder in die Oberleitung hineinzusetzen. Beim Wind hat das a no a bisserl länger dauert. Der nächste Stopp war wieder keine Haltestelle, sondern jetzt musste die Weiche oder der Wechsel per Hand mit einer schweren Eisenstange, die der Fahrer neben seinem Platz in der Trambahn aufbewahrte, gestellt werden. »Du Hund, gehst nüber«, hatte man ihn mehrmals lautstark sprechen gehört, wenn der Wechsel die Richtung nicht einschlagen wollte, wie er sollte. Die Arbeit, die Kurven zu schmieren, damit die Trambahn nicht so quietschte, oder das Reinigen der Weichen wurde bis in die 30er-Jahre von Frauen übernommen.

Ganz früh sama aufgstanden, die Mama und ich, um einen Tag im Münchner Tierpark Hellabrunn zu verbringen. Viel hama erlebt und froh war'n mer, dass wir vor Dämmerung und vor Schließung der Kasse doch noch in den Tierpark reinkommen san.

Niemand konnte damals die Charaktere und Gefühle der Münchner, der Zuagroasten, der Schieber, der Preiß'n und die der alten Menschen, die die Straßenbahn benutzten, besser beschreiben als der Valentin, die Ida Schumacher in ihrem Stück als »Trambahnritzenreinigungsdame« oder der legendäre Weiß-Ferdl mit seiner »Linie Acht«.

Kapitel IX

Couplet: Ein Wagen von der Linie Acht*

Weiß-Ferdl, 28. Juni 1863 – 9. Juni 1949

Ein Wagen von der Linie Acht,
Weiß-blau fährt ratternd durch die Stadt.
So fährt der Wagen schnell dahin,
Die Menschen, die im Wagen drin,
Die schaun gar grantig, niemand lacht,
Da drin, im Wagen der Linie Acht.

Schaffner: Nächste Haltestestelle Harras, Waldfriedhof umsteigen.

Nervöse Frau: Bitt schön, Herr Schaffner, Max-Weber-Platz, muss ich umsteigen?

Schaffner: Naa, erst am Stachus in die Linie 4 oder 19. – Aussteigen lassn!

Wagenführer: Aba Leut, lassts doch d' Leut naus!

Junger Mann: Geh halt weg alter Depp!

Alter Mann: Dir gib i nacha glei an alten Deppn, Rotzlöffl, rotziger. A so a schwindsüchtigs Zigarettenbürscherl! A scho 's Maul

---

aufreißn. I bin a alter Münchner Bürger, der vierzig Jahr
seine Steuern und Abgabn zahlt hat, dös merkst da, du Rotzlöffl!

Schaffner: Vorsicht, der Wagen ist besetzt!

> *Ein Wagen von der Linie Acht*
> *(in die Mitte gehen!)*
> *Weiß-blau, fährt ratternd durch die Stadt,*
> *(noch jemand ohne?)*
> *Kling kling, bim bam.*
> *So fährt der Wagen schnell dahin,*
> *Die Menschen, die im Wagen drin,*
> *Die wackeln hin und her ganz sacht,*
> *Da drin im Wagen der Linie Acht.*

Schaffner: Bavariastrraße, steigt jemand aus?

Mann: Naa, aber nei möcht ma. Gehts halt weiter nei, sonst datritt
i no oan! Da sitzt a jeder drin und liest Zeitung, als hätt er fünf
Mark fürn Sperrsitz zahlt, und wir stehn a halbe Stund da und
wartn, bis die Verdrusslinie amal kommt! Weg da, sapprament!

Ein Herr: A so a narrischer Kampl!

Schaffner: Vorsicht, der Wagen ist besetzt!

> *Ein Wagen von der Linie Acht,*
> *Weiß-blau, fährt ratternd durch die Stadt,*
> *(In die Mitte gehen!)*

Kling kling, bim bam.
(Noch jemand ohne?)
So fährt der Wagen schnell dahin,
(Sie Lümmel!)
Die Menschen, die im Wagen drin,
(Rindvieh!)
Die schaun sich bös an, sind verkracht,
(Affe!)
Da drin, im Wagen der Linie Acht.
(Rhinozeros!)

Schaffner: Ruppertstraße, Zoologischer Garten umsteigen.
Nervöse Frau: Bitt schön, Herr Schaffner, Max-Weber-Platz, muss
ich umsteigen?
Schaffner: Naa, erst am Stachus! Aussteign lassn!
Wagenführer: Aba Leut, lassts doch d' Leut naus!
Eine Frau: Bitt, ich möchte aussteign.
Ein Mann: Steign S' halt aus!
Frau: Ich kann nicht!
Mann: Dann kann i Eahna a net helfn.
Schaffner: Der Wagen ist besetzt!
Frau: Ich will doch aussteign!
Schaffner: Dös hättn's Eahna früher überlegn müssn!

Ein Wagen von der Linie Acht,
(In die Mitte gehen! – Dann komm ich ja wieder nicht naus!)

Weiß-blau, fährt ratternd durch die Stadt,
(Bei der Endstation gehts dann scho.)
Kling, kling, bim bam.
(Drücken Sie doch nicht so! – Ich drück ja net, da hintn druckns.)
So fährt der Wagen schnell dahin,
(Hast sie gsehn mit dö roten Fingernägl?)
Die Menschen, die im Wagen drin,
(Unds Maul ogstricha, da graust mir scho.)
Neipfercht als wie in einen Schacht,
(Lieba a ogstrichns Maul, wie so a bissigs.)
Da drin im Wagen der Linie Acht.
(Da helfn die Mannsbilder zamm, wenn's um so a Flitscherl
geht!)

Schaffner: Sendlinger-Tor-Platz! Umsteign in Richtung Thalkirchen, Fraunhoferstraße, Bogenhausen!
Nervöse Frau: Ach, bitt schön, Herr Schaffner, Max-Weber-Platz, muss ich …
Schaffner: Naa, am Stachus!
Wagenführer: Aba Leit, lassts doch d' Leut naus!
Schaffner: Aussteigen lassen, erst die Plattform freimachen, rascher aussteigen! – Herrgott geh halt weiter, alte Rutsch'n, jetzt draht sie si no amal um, glei tritt i di nei ins Kreuz – Malefiz!
Dame: So spricht man doch nicht mit einer Dame!
Schaffner: Dame? Auf der Trambahn gibts koa Dame! Naa da gibts nur Hammi!

Mann: Hö, warts a bisserl, mir wolln aa no naus! Drucka dö mit
  ihre Gipsköpf scho wieda rei!
Schaffner: Vorsicht, der Wagen ist besetzt!

> *Ein Wagen von der Linie Acht,*
> *(In die Mitte gehen!)*
> *Weiß-blau, fährt ratternd durch die Stadt,*
> *(Noch jemand ohne?)*
> *Kling, kling, bim bam.*
> *(Ach Gott, ich krieg keine Luft mehr! –*
> *Dann gibst mir deine Lebensmittel-Karten!)*
> *So fährt der Wagen schnell dahin,*
> *(Vier hängen am Trittbrett.)*
> *Die Menschen, die im Wagen drin,*
> *(Schaun gar nimma hin, wenn einer runterfällt)*
> *Die haben sich nur in Verdacht,*
> *(Der hat halt net zahln wolln.)*
> *So sinds im Wagen der Linie Acht.*

Schaffner: Stachus, Karlsplatz! Umsteigen in Richtung Hauptbahn-
  hof, Pasing, Neuhausen, Marienplatz, Maximilian- und Lud-
  wigstraße! Schnell aussteigen!
Wagenführer: Aba Leut, lassts doch d' Leut naus!
Mann: Kann ma ja net, wenn der Schiaba mit sein mordstrumm
  Rucksack dasteht!

43

Anderer Mann: Dir gib i na glei an Schiaba, Du Dreckhammi –
    i kumm von der Arbat. Glei hau i dir a solche runter, dass di
    der Teifi holt!

Dame: Nehmen Sie doch Rücksicht auf eine schwächliche
    Frau!

Mann: Schwächliche Frau – rennt mir glei an Ellbogn nei, dass mir
    alle Rippn kracha!

Norddeutscher: So watt jibts ja nur in Bayern.

Mann: Halts Maul, preißische Krampfhenna!

Schwabe: Jetzt lassat mi naus, i muass am Baahhof, sinst derwisch i
    mei Zügle nimmer. Lassat mi naus, lassat mi naus!

Schaffner: Vorsicht, der Wagen ist besetzt!

Ein Wagen von der Linie Acht,
(In die Mitte gehen!)
Weiß-blau, fährt rasselnd durch die Stadt,
(Noch jemand ohne?)
Kling, kling, bim bam.
(Sie, lassen S' Eahna Nasntröpferl net grad auf mi nauffalln! –
Hinauf ko is net falln lassen.)
So fährt der Wagen schnell dahin,
(Fahrberechtigungsausweis!)
Da schaut jetzt mancher gradaus drin,
(Zwei Mark)
Ja freili, ho; dös war ja glacht,
(Dann steign S' aus.)

Jawohl, dös tua-r-i, gebn S' nur acht.
(Da muss i so raus.)

Schaffner: Gabelsbergerstraße!
Nervöse Frau: Bitt schön, Herr Schaffner, Max-Weber-Platz, muss
    ich da raus?
Schaffner: Jetzt is dö no da, i hab's Eahna do zwanzgmal gsagt: Sta-
    chus – bei der letzten Station hättn S' raus müassn!
Nervöse Frau: Ach Gott, ach Gott, ach Gott, mich trifft der Schlag!
Schaffner: Gut, dann bleiben S' sitzen bis zum Nordfriedhof. –
    Vorsicht, der Wagen ist besetzt!

Ein Wagen von der Linie Acht,
(In die Mitte gehen!)
Weiß-blau, fährt ratternd weiter durch die Stadt.

Kapitel X

Geschichte der Münchner Straßenbahn

von 21. Oktober 1876 bis 13. Dezember 1999

23. Juni 1876

Unterzeichnung des Vertrags zwischen der Stadt München und
Edouard Otlet (Brüssel) zur Errichtung eines Liniennetzes mit
einer Konzessionsdauer von 30 Jahren.

21. Oktober 1876

Eröffnung der ersten (Pferde-) Trambahnlinie Münchens vom
Promenadeplatz zur Nymphenburger-/Maillingerstraße

25. August 1882

Stadt erzwingt Neugründung der Münchner Trambahn AG
(MTAG) mit Konzession bis 1. Juli 1907 und der Verpflich-
tung, weitere 8 Strecken zu bauen.

9. Juni 1883

Eröffnung der ersten Dampftrambahn Süddeutschlands vom
Stiglmaierplatz nach Nymphenburg

1. Juli 1886

August Ungerer eröffnet eine der weltweit ersten elektrischen Bahnen als Zubringerlinie vom Schwabinger Großwirt zum Ungererbad.

23. Juni 1895

Erster offizieller Einsatz von elektrischen Trambahnen auf der Strecke Färbergraben – Isartalbahnhof.

17. Juli 1895

Ersatz der völlig überlasteten Ungererbahn durch eine Pferdebahnlinie zum Nordfriedhof. Ab 1898 Auslieferung von 250 Fahrzeugen des Typs A mit Maximum-Drehgestellen.

9. Februar 1900

Inbetriebnahme des Schleppbetriebs mit Akkumulator-Lokomotiven zwischen Schiller-Denkmal und Odeonsplatz, um Oberleitungen in diesem Bereich zu vermeiden.

15. Juli 1900

Einstellung der Dampftrambahn; Ersatz durch elektrisch betriebene »Weiße Linie« Nymphenburg – Ostbahnhof

1. November 1900

Abschied von der Pferdetrambahn: Umstellung der letzten Linie Feilitzschstraße – Nordfriedhof auf elektrischen Betrieb.

ab Sommer 1905

Postbetrieb mit drei umgebauten Schuckertwagen zur Beförderung von Brief- und Paketpost zwischen den angeschlossenen Postämtern.

15. März 1906

Abschluss der Oberleitungsarbeiten am Odeonsplatz. Einstellung des Schleppbetriebs mit Akkumulator-Lokomotiven.

12. Oktober 1906

Umstellung von Linienfarben auf »arabische« Liniennummern mit Neugliederung des Liniennetzes (Stammlinien / Verstärkungslinien).

1. Juli 1907

Gemeinde übernimmt Münchner Trambahn AG als »Städtische Straßenbahnen«.

ab 1908

Beschaffung von 50 Motorwagen des Typs B.

16. Dezember 1908

Eröffnung der ersten »Fernstrecke« Landsberger Straße – Pasing

12. August 1910

Einweihung der Isartal-Außenlinie nach Grünwald

ab 1910

Auslieferung von 100 Fahrzeugen des Typs C.

4. August 1914

Eingeschränkter Kriegsfahrplan infolge des Beginns des Ersten
Weltkriegs.

September 1915

Die ersten Schaffnerinnen werden eingestellt.

ab 1916

Verwundeten- und Gütertransportzüge zur Treibstoffersparnis
teilweise über behelfsmäßige Zubringergleise.

November 1918

Fuhrpark wegen Materialmangel schwer beeinträchtigt:
von 424 Triebwagen sind nur 188 einsatzfähig.

23. März 1920

Inbetriebnahme der Strecke Harras – Ganghoferstraße –
Donnersbergerbrücke – Rotkreuzplatz (Linie 22).

27. November 1923

In der Endphase der Inflation beträgt der Preis für eine Fahrt innerhalb von zwei Teilstrecken 200 000 000 000 (= 200 Milliarden) Mark.

ab Mai 1925

Auslieferung von 100 Fahrzeugen des Typs E.

21. Oktober 1926

Jubiläumsfeier 50 Jahre Münchner Straßenbahn.
Bilanz: 105 km Strecke mit 25 Linien
Plakat vor Betriebshof

13. Februar 1928

Beginn des Wanderbüchereibetriebs mit dem umgebauten D 1.6-Triebwagen Nr. 495.

ab 1929

Auslieferung von 41 Triebwagen des sehr beliebten Typs F.

23. November 1930

Die Strecke nach Moosach wird eröffnet.

1. April 1934

Einweihung des seit Sommer 1931 im Bau befindlichen Straßenbahnbetriebshofes 3 an der Westendstraße.

5. November 1934

Ersatz der umgeleiteten Linien 6 und 16 innerhalb der Altstadt durch Autobuslinie A6.

4. November 1935

Neugliederung des Münchner Trambahnnetzes; starrer Fahrplan und Ersatz von Zubringern durch Stamm- und Einsatzlinien.

1936

Gigantomanische Umbaupläne der braunen Machthaber sehen Umstellung auf U-Bahn/Omnibusbetrieb vor.

22. Mai 1938

Beginn der Bauarbeiten in der Lindwurmstraße für die geplante Nord-Süd-S-Bahn.

26. August 1939

Abschaffung der Autobuslinien A6 und A22 wegen Masseneinziehungen im Vorfeld des 2. Weltkriegs. Die Trambahn verkehrt wieder auf ihrer alten Strecke.

ab 30. August 1939

Betriebseinschränkungen und Verdunklungsfahrpläne.

ab 1. Oktober 1939

> Einstellung von Schaffnerinnen.

6. Oktober 1940

> Erster schwerer Bombenschaden in der Altstadt.

2. Dezember 1940

> Sperrung der Landsberger Straße für geplante Verlegung des Hauptbahnhofs. Abbau der Trambahngleise in diesem Bereich.

3. Oktober 1943

> Die Hauptwerkstätte wird nach einem Bombenangriff fast vollständig vernichtet. Deshalb fertigt das RAW Neuaubing bis 1944 eine Reihe von Kriegsumbauten Typ G und K aus zerstörten Wagen des Typs E.

ab Juli 1944

> Betrieb in der Innenstadt kaum mehr durchführbar. Hilfs- und Notbahnen werden errichtet. Güterverkehrsdienste werden mit Notgleisanschlüssen durchgeführt.

1944

> Lieferung der ersten Kriegsstraßenbahnwagen vom Typ J. Ihr Einsatz erfolgt erst ab April 45.

30. April 1945

Bilanz bei Einmarsch der amerikanischen Truppen: 168 einsatzfähige Triebwagen (von 444), 230 Beiwagen (von 516) und 20 Linien auf einem auf ein Drittel reduzierten Netz.

25. Januar 1947

Betrieb wird wegen Materialmangels zeitweise stillgelegt.

13. März 1950

Jungfernfahrt des ersten Großraumzuges vom Typ M.

21. Oktober 1951

Jubiläumsfeier 75 Jahre Münchner Trambahn.

7. Januar 1955

Auf der Linie 5 verkehrt der letzte Triebwagen mit Stangenstromabnehmer.

19. Oktober 1958

Eröffnung der Strecke zum Gondrellplatz.

22. Juni 1959

Letzte Fahrt der Münchner Poststraßenbahn. Einige Fahrzeuge wurden danach zu Arbeitswagen (z.B. Fahrdrahtkontrollwagen, Turmtriebwagen) umgebaut.

7. Juni 1960

Erste Umstellung einer Straßenbahnlinie auf Omnibusbetrieb (Linie 5).

12. November 1961

Einstellung der Linie 37 Nordbad-Ostfriedhof.

16. Juni 1962

Eröffnung der bereits im Stile einer Untergrundstraßenbahn (UStrab) gebauten Strecke nach Freimann-Nord.

8. November 1963

Eröffnung der Strecke vom Scheidplatz zum Harthof (UStrab).

Januar 1964

Entschluss zum Aufbau eines gesonderten U-Bahn-Systems an Stelle einer Untergrundstraßenbahn.

31. Oktober 1964

Einweihung der Neubaustrecke vom Ratzingerplatz nach Fürstenried-West (UStrab). In dieser Zeit erreicht das Münchner Trambahnnetz seine größte Ausdehnung mit ca. 135 km.

30. Januar 1965

Erste Streckensperrung im Zuge des U-Bahn-Baus in der Ungererstraße.

1. Juli 1965

Stilllegung der Strecke nach Freimann. Ersatz durch Gelenk-
busse. Bis Dezember 1965 Auslieferung der letzten von insgesamt 286 dreiachsigen Großraumtriebwagen vom Typ M.

9. April 1967

Stilllegung der ältesten elektrifizierten Strecke zum Isartalbahnhof.

21 .April 1968

Einstellung der Altstadtdurchfahrt Karlstor – Marienplatz –
Isartor im Zuge des S-Bahn-Baus.

bis 1969

Auslieferung der letzten von insgesamt 44 Gelenktriebwagen
vom Typ P.

1. März 1970

Abbau der Strecke über die Donnersbergerbrücke (Linie 22)
zur Realisierung des Mittleren Rings.

5. April 1970

Feierliche Außerbetriebnahme des Wanderbüchereitriebwagens
Nr.24. Seitdem reiner Omnibusbetrieb.

19. Oktober 1971
Stilllegung der Strecke durch die Ludwig-/Leopoldstraße (Siegestor) nach Inbetriebnahme der ersten Münchner U-Bahnstrecke.

28. Mai 1972
Der erste Verbundfahrplan (MVV) tritt in Kraft.

30. Mai 1975
Verabschiedung des letzten Münchner Trambahnschaffners auf der Linie 29.

23. November 1975
Stilllegung der »vielbesungenen« Linie 8. Danach Abbau der Strecke vom Sendlinger Tor durch die Lindwurmstraße. Die U-Bahn fährt jetzt zum Harras.

19.–23. Oktober 1976
Jubiläumsfeier 100 Jahre Münchner Trambahn.

19. November 1980
Die U8-Eröffnung führt zur Aufgabe der Strecke vom Ostbahnhof nach Neuperlach (Linie 24) und der Strecke in der Augusten- / Tengstraße (Linie 7)

29. Mai 1983

Stilllegung der Strecken Arnulfstraße – Goetheplatz – Silber-
hornstraße (Linie 17) und Hanauerstraße – Rotkreuzplatz –
Nymphenburgstraße (Linie 4) im Zuge der U-Bahneröffnung
U1 Rotkreuzplatz. Außerdem wird der Abschnitt Harras –
Lorettoplatz stillgelegt.

11. März 1984

Im Zuge der Eröffnung der U5 wird der Linienbetrieb über
die Theresienhöhe eingestellt.

15. September 1984

Der Abschnitt Harras – Lorettoplatz wird wieder durch die
Linie 26 befahren.

9. Juli 1986

Einstimmige Grundsatzentscheidung des Stadtrats für den Er-
halt der Trambahn.

1. Juni 1991

Letzter Betriebstag der Strecke Fürstenried West – Harras
(UStrab) wegen der Eröffnung der U3-Süd.

3. Juni 1991

Erster Fahrgastbetrieb mit den neuen Straßenbahn-Gelenkwagen in Niederflurbauweise vom Typ R (3 Prototypen).

29. Mai 1993

Stilllegung der Strecke Lorettoplatz – Harras – Messegelände – Westendstraße im Zuge der U6-Verlängerung nach Großhadern. Damit ist der Südwesten Münchens »trambahnfrei«.

20. November 1993

Stilllegung der Strecken Scheidplatz – Hasenbergl / Harthof (UStrab) im Zuge der U2-Verlängerung Scheidplatz – Dülferstraße. Das verbliebene Restnetz umfasst nur noch ca. 60 km. Mai 1994 Inbetriebnahme der ersten Beschleunigungsmaßnahme auf der Linie 20.

1. Juli 1995'

Feier: 100 Jahre Elektrische Trambahn in München.

1. Juni 1996

Wiedereinführung der Linie 17 (Amalienburgstraße – Effnerplatz) mit erneuertem Teilstück Romanplatz – Arnulfstraße – Hauptbahnhof Nord Juni 1997. Auslieferung des letzten von 70 Serienwagen (Typ R2.2).

8. November 1997

Eröffnung der wieder hergestellten Osttangente Max-Weber-Platz – Ostfriedhof (Linie 15/25).

13. September 1999

Inbetriebnahme der Linie 16 zwischen Romanplatz und Sendlinger Tor als Verstärkung für die erfolgreiche Linie 17. Neue Wendeschleife am Stachus.

13. Dezember 1999

Der erste von 20 neuen vierteiligen Straßenbahn-Gelenkwagen in Niederflurbauweise vom Typ R 3.3 wird der Presse vorgestellt.

Kapitel XI

Karl Valentin fährt Straßenbahn

Schaffner I: Hat alles Fahrscheine?

Valentin: Nein, ich will mir erst einen kaufen.

Schaffner I: Was heißt kaufen, ob S' einen Fahrschein wollen?

Valentin: Freilich will ich einen, sonst wär ich ja net in d'Trambahn
eing'stieg'n, wenn ich keinen Fahrschein wollte; dann steig ich
in ein Autotaxi, da braucht man Gott sei Dank noch keinen
Fahrschein, das wird schon auch noch kommen!

Schaffner I: Ja, wo wollen S' denn hinfahrn?

Valentin: Wo fahren Sie denn überall hin?

Schaffner: Wir fahren am Bahnhof.

Valentin: Am Bahnhof? Auf was für einen Bahnhof? Es gibt ja
mehrere Bahnhöfe in unserer Stadt.

Schaffner I: Ja, wir fahren mit unserer Linie am Bahnhof vorbei.

Valentin: Vorbei? Ja ich will ja nicht vorbei fahren, ich will ja zum
Bahnhof fahren.

Schaffner: Dann müssen S' halt am Bahnhof aussteigen!

Valentin: Wann?

Schaffner: Na ja, wenn ma halt draußen sind.

Valentin: Wo?

Schaffner: Am Bahnhof. Und jetzt sagn S' mir endlich, auf was für einen Bahnhof Sie eigentlich wollen?

Valetin: Ja was für einen Bahnhof können Sie mir denn empfehlen?

Schaffner: Ich hab Ihnen doch gesagt, mir fahr'n am Ostbahnhof.

Valentin: Dann geb'n Sie mir lieber ein Billett in Zirkus.

Schaffner: In Zirkus? – Da müssen S' ja entgegengesetzt fahren mit der 19er-Linie.

Valentin: Wann muß ich da aussteigen?

Schaffner: Sofort! – In die Linie 19.

Valentin: Danke!

   (steigt aus und in die Linie 19 um)

Schaffner II: (Läutet ab) Der Wagen ist besetzt; im hintern ist noch genügend Platz.

Valentin: Bitte drücken Sie sich nicht so zweideutig aus. Sie können genauso gut sagen: im hintern Wagen ist noch genügend Platz, dann gibt's keine Missverständnisse.

Schaffner II: Wohin?

Valentin: Ein Billett in Zirkus!

Schaffner: Ich habe keine Zirkusbilletten – nur Straßenbahn-Billetten!

Valentin: Ein Billett *zum* Zirkus bitte!

Schaffner: Das hätten S' doch gleich sagen können! Im Übrigen ist das Rauchen hier im vorderen Wagen verboten, deshalb hab ich zu Ihnen ja g'sagt, im hintern Wagen ist noch Platz, da können S' rauchen!

Valentin: Nein! Sie haben im Hintern allein g'sagt!

Schaffner: Mit'm Hintern hab ich doch den Wagen g'meint!

Valentin: Ob ich in den hintern einsteige oder in den vorderen, das kann Ihnen gleich bleiben!

Schaffner: Wenn S' nicht rauchen, können S' von mir aus im vordern Wagen sitz'n oder im hintern, und jetzt lassen S' mir amal mei Ruah mit Ihrem Hintern!

Dame: Der Herr hat ganz recht, wenn er sich über Ihre kurze Zurechtweisung aufregt, denn es ist doch keine große Zeitvergeudung, wenn Sie sagen: im hintern Wagen!

Schaffner: Jesus Maria, jetzt fangt Sie aa no o mit'm Hintern! Mei Ruah möcht i jetzt bald! – Hat alles Fahrscheine!

2. Dame: Bahnhof!

Schaffner: Der Schein ist ja schon abgerissen!

2. Frau: Ja i bin zuerst im hintern g'sessen!

Schaffner: Wo san S' g'sessen? Am Hintern?

2. Frau: Nein, im Hintern!

Schaffner: Im hinteren *Wagen* meinen Sie, sonst könnt man ja meinen, am Hintern sind S' g'sessen!

2. Frau: Na i bin im hintern g'sessen und mei Tochter im vordern, drum bin i vom hintern raus und in vorderen nei.

Valentin: Sehn S', Herr Schaffner, jetzt sehen S' doch selber ein, dass man *nie* vom Hintern allein spricht!

Anhang zu Karl Valentin

eb. am 4. 6. 1882 in München als Valentin Ludwig Fey, mit 7 Jahren erster Auftritt als Clown im Gasthaus zum Lilienbräu, nach einem Besuch im Varieté Kolosseum beim Komiker Karl Maxstadt 1869 entschließt er sich, Komiker zu werden. 1897-99 Schreinerlehre, Unterricht beim Zitherlehrer Ignaz Heppner, 1902 dreimonatiger Besuch einer Münchner Varietéschule, danach erstes Engagement in Nürnberg im Varieté am Zeughaus. Nach dem Tod des Vaters (1902) führt er das väterliche Möbeltransportfachgeschäft Falk&Fey weiter, 1906 Verkauf der Firma und Übersiedelung mit seiner Mutter nach Zittau, erste (erfolglose) Tournee mit seinem selbst gebauten »lebenden Orchestrion« unter Pseudonym Charles Fey, Rückkehr nach München, erstes Stegreifsolo (»Das Aquarium«) beim Baderwirt, daraufhin Engagement beim Frankfurter Hof bis 1915, Gastspiele (mit Franz Erlacher) in Landshut, Ingolstadt, Deggendorf und Landsberg. 1911 Bekanntschaft mit seiner späteren Partnerin Liesl Karlstadt (bürgerlicher Name Elisabeth Wellano) im Frankfurter Hof, 31. 7. 1911 Eheschließung mit Gisela Royes, die seit 1899 im Hause Fey beschäftigt war. Ab 1915 erfolgreiche Auftritte als Solist, Parodist und Mimiker in mehreren bekannten

Münchner Kabaretts und Kleinkunstbühnen, Gastspiele mit Solo-
programmen: in Zürich 1922 (Bonbonnière), Nürnberg 1923 (In-
times Theater) und Wien (Chat Noir), 1924 Kammerspiele München und Neues Operettenhaus am Schiffbauerdamm, 1925 Münchener Bonbonnière und Apolltheater, 1928-30 Kabarett der
Komiker Berlin, 1930 Kolosseum München, 1931 eigenes Theater
im Goethesaal in der Leopoldstraße, wenige Wochen später wegen
mangelhafter Sicherheitseinrichtung geschlossen, 1934 Eröffnung
des »Panoptikum« mit Höllencafé in den Kellerräumen des Hotels
Wagner, 1935 Schließung aus Rentabilitätsgründen, 1935-36 Gastspiele im Kabarett der Komiker in Berlin, 1938 im Deutschen Theater München, 1939 Eröffnung seiner Ritterspelunke im Färbergraben in München, eine Mischung aus Panoptikum, Kellerlokal und
Kabarett, dort zahlreiche Aufführungen des »Ritter Unkenstein«,
Annemarie Fischer, eine junge Schauspielerin wird Valentins neue
Partnerin. Nach 1941 tritt Valentin nicht mehr auf, verfasst nur
noch zahlreiche Szenen, Monologe, Couplets, hauptsächlich für
Schallplatten. 1947 erstes Auftreten nach dem Krieg mit Liesl Karlstadt, Januar 1948 letzte Auftritte im Simpl und im Bunten Würfel,
am 9. 2. 1948 stirbt Valentin an Lungenentzündung, beigesetzt auf
dem Waldfriedhof in Planegg.

Die Touristen im Jagdschloss von Nymphenburg zeigten sich begeistert – der Falkner genießt das Bad in der Menge.
(© Herlinde Koelbl)

Ein Restaurant voller Geschichte und Geschichten: die »Hundskugel« in München.
(© Moshammer)

Pflichttermin im Sommer: der Biergarten. Hier sitzen Moshammer und seine Daisy am Stammtisch von Sigi Sommer im berühmten Augustiner in der Arnulfstraße. (© Herlinde Koelbl)

Königlicher Lieblingsplatz: Rudolph Moshammer als Falkner im Jagdschloss von Nymphenburg. (© Herlinde Koelbl)

Der letzte Wagen mit »Stangerl« fährt am Weiß-Ferdl-Denkmal vorbei. (© Freunde des Münchner Trambahnmuseums e.V.)

Fahrscheine
hier lösen!

Mit gelösten Fahrscheinen
und Sichtausweisen kann
in Großraumwagen durch die
Mitteltüre
eingestiegen werden.

»Noch jemand ohne?« Schaffner mit dem so genannten Galoppwechsler am Stachus, 1950.
(© Freunde des Münchner Trambahnmuseums e.V.)

Das Ende einer Legende: der letzte Wagen mit »Stangerl« am 7. Januar 1955 am Viktualienmarkt. (© Freunde des Münchner Trambahnmuseums e.V.)

Eine Weichenstellerin am Sendlinger-Tor-Platz um 1912. (© Freunde des Münchner Trambahnmuseums e.V.)

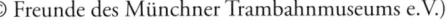

elten und unregelmäßig fahrende Straßenbahnen waren nach dem Krieg für viele die einzige Transportmöglichkeit durch die tadt. Die Überfüllung zwang viele zum »Trittbrettfahren«. (© Freunde des Münchner Trambahnmuseums e.V.)

Eine stille Minute in der Theatinerkirche und ein Kerzerl für Mama. (© Herlinde Koelbl)

Kapitel XII

Die Mai-Dult

Einen echten Rubens und einen Spitzweg ham's schon raus g'holt aus der Auer-Dult«, hat Oma Fanny immer erzählt und uns als Kinder immer ganz hellhörig und neugierig gemacht. Und die Mama von der Fanny hat früher wundervolle antike Barockmöbel vom Tandler zum Spottpreis erstanden und heimgeschafft, woran sich die Familie heute noch erfreut. All das ist heute fast nicht mehr zu finden. Dafür gibt es heute viel schönen und unschönen Trödel. Freilich: ein paar Barockschrankerl kann man immer noch entdecken, jedoch zu einem anderen Preis.

Heute fasziniert mich beim Besuch der Auer-Dult die Beobachtung der Menschen, die Gschaftigen, die von vornherein nichts kaufen, die Kundigen und Unkundigen, die Interessierten und Uninteressierten. Oder die, die nur wegen des Dufts, der einem schon von weitem in die Nase steigt, von gebrannten Mandeln oder von Steckerlfisch der Fischervroni kommen und dem sie nicht widerstehen können. Der Besuch der Dult hat immer seinen ganz besonderen Reiz.

Eine betagte Dame mit einem alten Spitzensonnenschirm aus vergangenen Zeiten, der vielleicht vor einigen Jahrzehnten auf der

Dult, bestimmt als Sammlerstück, erstanden wurde, lässt sich auf dem roten zerschlissenen Samtstuhl, der ihr an einer Bude in der Antiquitätenreihe angeboten wird, nieder.

Der Tandler kennt sie anscheinend schon. Er zeigt ihr seine schönsten Raritäten, die er wohl behütet und nicht sichtbar für jedermann versteckt hielt. Man spürt die besseren Zeiten, die die Dame einst einmal erlebt haben muss. Mit ihrem Daumen verdeckt sie einige Löcher in ihrem ergrauten, ehemals weißen Spitzenhandschuh.

»Nein, kaufen brauchen Sie nichts«, sagt der Händler. Er spürt, dass die schlechten Zeiten ihre Geldbörse schon längst schwindsüchtig gemacht haben.

Nebenan in der Bude mit ihren weiß-blau gestreiften Bandaleren, ihren unzähligen Bauernleinenhemden, kurzen und langen Lederhosen und antiken Dachauer Schränken versucht ein Bauer mit seinen vielen alten glänzenden Silberknöpfen an seiner Weste, eine passende Lederhose zu finden. Die Vielzahl der Silberknöpfe ist seit jeher ein Zeichen von Reichtum. »Ein Gespickter«, sagen die Einheimischen am Land.

Je mehr Silberknöpfe am Janker, desto mehr Kühe im Stall. Man hat halt zoagt, was man hat.

Der Bauer entledigt sich inzwischen seiner grün-grauen Flanelltrachtenhose und steht nun für jeden unübersehbar in seiner langen Unterhose da. Er prüft mit kritischem Blick und sachkundig mit seinem Daumen und Zeigefinger die Qualität der Lederhose.

»A guate Qualität is des scho«, sagt die Tandlerin, »da ham S' was G'scheits fürs Leben.«

Und bei genauer Betrachtung der Lederhose von innen meint der Bauer: »Und a G'schicht hat des Innenleben a no. Vielleicht is die Hose deshalb a a bisserl preiswerter.« Er probiert sie nun an und sagt: »Ganz schön knackig! Die werd 'kauft!«

Ein Lausbub möchte wissen: »Was kostet der alte Blechdampfer für meine Badewanne da?«

Ein langhaariges Mädchen begeistert sich für die alten Spitzen-röcke und ein Künstler – unverkennbar – blättert verträumt, der Zeit entrückt, in Ölskizzen. »Schöne wertvolle Gemälde für den Herrn«, meint der Händler, »alles handgemalt. Für die Frau viel-leicht ein Blumenstillleben, die riacha direkt, so natürlich sans g'malt.«

»Ja, die mal i ja selber«, sagt der Kunstverständige und ent-schwindet, ohne was zu kaufen, im Gewühl der bunten Menge.

Nebenan gehts narrisch zu: Bücher, Bücher und nochmals Bü-cher.

»Was kostet denn da der Roman von der Königin?«, fragt das Mutterl.

»2 Mark.«

»Dann nehm's i!«, sagt ihre Nachbarin und schon entbrannt ein richtiger Standlkrieg. Grad schön streiten tun sie sich, wer's nun kriegt, aber des Mutterl gibt des Buch nicht mehr aus der Hand und zeigt, dass sie mit ihrer langjährigen Erfahrung schon einige Kriege dieser Art auf der Auer-Dult gewonnen hat.

»Na, dann kauf ich halt die Geschichten von Wilhelm Busch, des g'fallt mir vielleicht sogar noch besser!«, gibt die Nachbarin klein bei. Plötzlich sind's alle wieder zufrieden, vielleicht haben sie die Unwichtigkeit erkannt, und sehen, dass im Leben alles nur eine Leihgabe ist.

Die Nacht bricht herein, und das Schimmern der vielen Ölfunzeln gibt der Dult ein ganz romantisches Flair. Und viele sind heute so begeistert und sagen: »Da komm' ma morgen wieder!«

Die Geschichte der Auer Dult

Die »Auer Dult« in München, im Frühjahr die Mai-Dult, im Sommer die Jakob-Dult und im Herbst die Kirchweih-Dult.

Die Jakob-Dult wurde im Jahre 1312 erstmals erwähnt und fand am Anger, dem heutigen Jakobsplatz, statt. Seit 1905 wird der Markt in der Au auf dem Mariahilfsplatz abgehalten und erfreut sich einer sehr großen Beliebtheit mit hohen Besucherzahlen. Es wird, abgesehen von Antiquitäten, Büchern, Gebrauchtwaren, Grafiken und Raritäten, auch eine große Auswahl an neuen Töpferwaren, Textilien und sonstigen Gegenständen für den Hausgebrauch angeboten. Im Unterhaltungsteil der Auer Dult sind Autoscooter, Kettenkarussell, Ponyreiten und Schießbuden zu finden. Für das leibliche Wohl wird durch eine Fischbraterei, ein Bierzelt und mehrere Wurst- und Fischbuden gesorgt.

Kapitel XIII

Obdachlosenerinnerungen an Papa

Als mein Vater in die Obdachlosigkeit geriet, erzählte er immer, er durfte damals – heute ist es anders – nur drei Tage im Monat im Obdachlosenheim Pilgersheimer Straße verbringen, für den Rest halfen immer die Bahnhofsmission oder die Anlagebank am Elisabethplatz. Die Erzählungen von Papa sind mir bis heute wie ins Gedächtnis eingebrannt geblieben. Wie oft erzählte Papa, dass man ihn und die anderen Obdachlosen, wenn sie die Winternacht auf dem Boden des Münchner Bahnhofes in der Nähe der Bahnhofsmission verbrachten, immer wieder von Ordnungshütern vertrieben wurden und sie später einen Ruheplatz auf der Anlagebank oder unterhalb der Isarbrücken fanden.

Nachdem mich der Sankt Michaelsbund im Jahre 2000 für mein neunjähriges Obdachlosenengagement und für unsere Vereinsgründung »Licht für Menschen ohne Obdach e.V.« mit dem Martinsmantel auszeichnete, begann auch eine Zusammenarbeit mit der Caritas.

Die Auszeichnung mit dem Martinsmantel wird an Institutionen oder einzelne Persönlichkeiten, die sich für Obdachlose und sozial Benachteiligte besonders engagieren, verliehen.

Damit wird an den heiligen Martin von Tours erinnert, der seinen Mantel mit einem Bettler teilte. Da war es für mich selbstverständlich und ein Bedürfnis zugleich, bei der Verleihung des Martinsmantels 2001 an Schwester Monika Planck dabei zu sein. Trotz des schweren Weges, verbunden mit vielen Erinnerungen an meinen Vater, wollte ich den Menschen, der sein Leben und seine Kraft für die Hilfe der Schwachen einsetzt, kennen lernen.

Schwester Monika leitet seit 1989 die Katholische Bahnhofsmission im Münchner Hauptbahnhof. Eine Anlaufstelle, nicht nur für Reisende, sondern für Menschen, die in einer psychischen und sozialen Krise Hilfe brauchen. Für diese Menschen hat Schwester Monika stets ein offenes Ohr, hilft ihnen weit über das zu erwartende Maß hinaus und engagiert sich auch hinter den Kulissen, um den in der Bahnhofsmission Gestrandeten zu helfen.

Wie schön ist es, dass es immer mehr Menschen gibt, die erkennen, wenn es ihnen selbst ein bisschen besser geht als den anderen, wenn sie selbst mehr Kraft haben als der Schwache, eine Herzensverpflichtung spüren, den anderen zu helfen.

Kapitel XIV

Daisy: Mein geliebtes München

Mein Mosi kann ja erzählen, was er will, ich, Daisy, sehe die Sache ganz anders. Als geborener, reinrassiger Terrier, mit meinem Terrierdickkopf, auf den ich ganz stolz bin, muss ich das ja auch. Alle meine Artgenossen werden das am besten verstehen und es mir danken, dass ich nicht immer gleich ja und amen zu allem sage, das wäre ja eine Schande für unsere Rasse.

So sehe ich mein München aus meiner Daisy-Perspektive: Also, mein Tag beginnt fast immer in der Nacht, sechs Uhr morgens steht mein Mosi immer auf und reißt mich aus meinen schönsten Träumen. Er lässt mich zwar, sobald er aufgestanden ist, weiter schlafen, mummelt mich ein, deckt mich zu, gibt mir ein Morgenbussi, ganz lieb von ihm, gell? Ja, Sie müssen wissen, wir teilen Tisch und Bett, das heißt, ich lasse ihn in meinem Bett schlafen. Also, auf in die nächste Runde Schlaf. Aber dann, spätesten um acht Uhr, muss ich, klein Daisy, raus – ob ich will oder nicht. Mein Mosi steht dann schon geschniegelt und gespornt abfahrtbereit da und ich muss mich sputen. Naja, ich sag mal »muss«, denn wenn er mich zu Hause lassen würde, das wäre mir auch nicht recht! So nimmt er mich überall mit und das ist auch gut so! Mit einem langen lauten Wuff-Wuff-

Wuff zeige ich ihm dann auf der täglichen Morgenfahrt in die Stadt, dass ich so fit bin wie ein Turnschuh, gell Mosi, wie du halt, und lasse mir nicht anmerken, wie müde ich doch bin.

Bevor wir in mein Geschäft – Mosis Geschäft natürlich – gehen und ich die Kasse und Mosis Mantel bewachen muss, geht es vorher noch ab, um die Hundezeitung zu lesen, in den Hofgarten gleich neben der Residenz. Da gibt's für mich Gerüche von allerlei Rassen. Und da treff ich auch ab und an meine Freundin Kiki – ehrlich gesagt, es ist mir auch lieber, ich seh sie nicht, Freundinnen, sie verstehen schon, gell – aber Freude hab ich, ich sag's ganz schamhaft, mit einem Bernhardiner, der mir schon tagelang nachschaut und mir schöne Augen macht. Und Gott sei Dank sieht mein Mosi meine roten Ohren nicht. Ein bisschen verliebt bin ich natürlich schon. Mein Mosi darf das natürlich nicht wissen, sonst ist der auch noch eifersüchtig.

Aus meiner Mini-Yorkshire-Perspektive sehe ich die vielen Menschen, die meinem Mosi begegnen und mit ihm sprechen, ja ganz anders:

Der Mosi schaut ihnen in die Augen und ich schau ihnen auf die Schuh! Und, ich sag's Ihnen: »oben hui, unten ...« Naja, Sie wissen schon! Abgelaufene Absätze, schmutzige Turnschuhe. Na, und mit dem Putzen ham die Leut anscheinend auch keine Freude mehr.

Nachdem ich zwar nicht in München geboren bin, fühle ich mich doch als eine Münchnerin. Also, im Hofgarten mit seinem Dianatempel, wo's in allen Ecken in den vielen kleinen Muschel-

wandbrunnen plätschert, kann ich auch Erholung finden. Da setzt sich dann Mosi mit mir auf das Marmorbänkchen und verwöhnt mich immer mit einem schönen kühlen Schluck vom Münchner Wasser.

Doch plötzlich ist's aus mit der Ruh' und Romantik, mit uns im Dianatempel. Mosi springt auf, setzt mich auf dem Boden ab und begrüßt im Vorbeigehen einen Herren im Rock – im Schottenrock natürlich!

»Was machen Ihre neuen Inszenierungen, Herr Jonas? Was bringen Sie bei den Sommerfestspielen?« Hoffentlich plant mich der Herr Jonas, der Intendant der Münchner Staatsoper, nicht schon wieder ein; sah ich mich doch zuletzt mit einem Moshammer-Double, das eine Stoff-Daisy im Arm hielt, auf der Bühne in der Fledermaus. Die Adele sang mich immer an: »Oh Daisy, oh Daisy!«

So gschaftig und so lange redend, statt dass er sich nur um mich kümmert und den Münchner Hofgarten mit mir genießt, quatscht er ohne Ende! Wenn ich ihn jetzt mit meiner Leine nicht von dem Gespräch losreißen würde, dann könnt ich ja gar keine Geschäfterl auf dem kleinen Rasen zwischen den bunten Blumenrabatten verrichten. Also, das muss sich ändern. Kaum suchst du so als Münchner Hund ein bisschen Erholung in deinem Münchner Hofgarten, schon rückt wieder ein ganzer Trupp von emsigen, fleißigen Gärtnern an, die meiner gemütlichen Wiese mitsamt den Gänseblümchen und Dotterblumen mit ihrer Mähmaschine den Garaus machen und ich nach ihrer getanen Arbeit den Eindruck habe, da könnt ich mich ja gleich zu Hause auf meinem grünen Veloursteppich erholen.

Vom Café Tambosi kommt eine Dame in den Hofgarten mit zwei kleinen Möpsen, die sie frei laufen lässt. Die Möpse haben mich sofort im Visier. Kraftvoll setzen sie zum Spurt an – Ziel: Ich. Beim genaueren Hinsehen kann man es nicht verleugnen, dass das heutige Sprichwort immer noch seine Bedeutung hat: »Wie der Herr, so 's Gscherr.« Die Ähnlichkeit der Dame mit ihren im Gesicht verknitterten Möpsen war unübersehbar. Sofort suchte ich Schutz bei meinem Mosi, der mich auf seinen Arm nahm. Und ich, Daisy, überlegte, ob das Sprichwort auch bei mir und meinem Mosi zutrifft und wir beide schon unverwechselbare Ähnlichkeiten aufweisen …

Kapitel XV

Die einmaligen weltberühmten Münchner Biergärten und meine Jugenderinnerungen

Wo findet man denn diese Wirtsgartenkultur irgendwo in der Welt noch einmal wie in Bayern, vor allem in München? Oft versucht zu kopieren, aber nie erreicht. Woran liegt denn das? An der südlichen Mentalität, an der kauzigen Herzenswärme der Münchner? Wahrscheinlich liegt es an der Münchner Luft, die alleine schon prickelt, dass die einen durch den berühmten bayrischen Föhn und ohne Bier schon ganz benebelt sind und die anderen so aufgeweckt, als ob sie den ganzen Tag ein Glas Champagner in der Hand gehabt hätten.

Bei den vielen romantischen Möglichkeiten der Münchner Biergärten fällt mir zum Beispiel der Chinesische Turm ein, dessen Wiederaufbau nach dem Kriege ich als kleiner Junge miterleben durfte oder der berühmte Augustinerkeller mit seinen viele alten Kastanienbäumen, eine richtige Biergartenoase inmitten der Stadt. Sigi Sommer alias Blasius hatte ihn zu Lebzeiten zu seinem Wohnzimmer gemacht und verbrachte mehr Zeit seines Lebens im Augustiner bei der legendären Bedienung Maria als bei sich zu Hause. Vielleicht machte er seine ehrlichen, aber oft auch zynischen Beobachtungen gerade bei der bunten Vielfalt der Menschen im Augustiner.

Meine farbigste Erinnerung an den Augustiner, den meine Eltern mit mir oft besuchten, war der Hendlbrater Pauli, berühmt für seine knusprigen, goldbraunen Grillhühnchen über dem offenen Holzkohlenfeuer. Voller Faszination beobachtete ich als Kind und Jugendlicher den Pauli, der mich in all den Jahren mit seinem wohlbeleibten Ausdruck seiner väterlich gutmütigen Art – die aber auch bei Stress ganz schön in Rage kommen konnte –, irgendwo beeindruckte und ans Herz wuchs. Meine Eltern ließen keinen Tag bei schönem Wetter aus, um mit ihren Freunden und Geschäftspartnern und mir »auf den Keller zu gehen«, wie wir hier in Bayern sagen. Der Ausdruck »auf den Keller gehen« kommt daher, dass unterhalb der Biergärten früher in einem großen Gewölbekeller Holzfässer mit Bier gelagert wurden. Die alten Kastanienbäume brachten im Hochsommer den dazugehörigen Schatten, sodass das Bier immer in der notwendigen kühlen Temperatur gelagert werden konnte. Ganz schön langweilig war das für mich als Kind, täglich das geschäftliche Geschwätz meiner Eltern und ihre Freunde am Biertisch zu ertragen, das mich nun überhaupt nicht interessierte. So ging ich sofort bei Eintreffen im Augustiner zu meinem »Freund« Pauli. Bis es eines Tages nicht mehr nur beim Zuschauen blieb und mich der Pauli zu seinem Obereinsalzer und Pfefferer seiner berühmten Brathendl auserkor. Nun hatte ich eine Beschäftigung gefunden. Da mitzuhelfen, das war für mich was ganz Pfundiges!

»Dua fei fui Petersil nei und spar net mit 'm Salz, damit die Leit a fui trinken«, hat der Pauli immer g'sagt, dabei tropfte ihm der Schweiß von der Stirn beim Einbuttern seiner Hendl. Als Dank für meine Arbeit belohnte er mich mit einem ganzen Eimer voller Hennerkrägen. Mei, war des was Fein's, »eine echte Delikatesse«, hat der Pauli immer g'sagt. Und voller Stolz trug ich in einem Eimer meine Belohnung, eben die Hennerkrägen, zum Tisch meiner Eltern und bot der Gesellschaft großzügig die Hennerkrägen an. Der Papa erschrak, die Mama erschrak, und die anderen noch mehr, also, man sah ihnen an, dass sie die Freid wie ich an jener Delikatesse nicht hatten. Neben dem Pauli seiner Hendlbude gab es die Schänke – wie man sie heute noch in einigen großen Biergärten und Wirtshäusern finden kann – mit einem echten Schänkkellner mit grünem Schurz und raufgekrämpelten Hemdsärmeln bis zum Oberarm. Die Bedienungen mit ihren schwarzen Kleidern und ihren weißen Wollschürzen standen oft eifrig bis in drei Reihen an, um schnell den kühlen Gerstensaft an den Mann zu bringen. Also so diszipliniert, wie es sein sollte, ging es da natürlich auch nicht zu. Hatten doch die langjährigen Bedienungen ihre vermeintlichen besonderen Rechte und hielten von dem Anstehen gar nix. Druckten und drangerlten sich vor, was immer unter den Bedienungen Ärger, ja sogar oft einen lautstarken Streit auslöste. Dazu kamen oft noch ein paar alte Münchner, die nicht nur das Trinkgeld sparen wollten, sondern die Meinung vertraten: Wenn's ihr Bier von der Schank selber holen, dann kaons net so schlecht eing'schenkt sei! So standen nun zwischen den hitzigen Bedienungen auch noch zwei vollblütige Münchner. Man sah ihnen an, dass sie sozusagen Bierveteranen waren, aus ihrer ganzen Art den Krug zu heben, wenn's zu den Schankkellnern vorgekommen sind. Sie konnten es nicht erwarten, auf dem Weg zu ihrem Platz zurück den Schaum vorsichtig anzublasen und den ersten würdigen Schluck mit allem Drum und Dran, mit fast geschlossenen Augen zu genießen.

Am Tisch angekommen, nimmt der eine Münchner, der sich bei größter Hitze nicht von seinem Hut mit dem königlichen Gamsbart trennen kann, aus seinem mitgebrachten Körbchen einen Radi heraus, zeigt ihn voller Stolz seinen Spezln und den anderen. Behutsam, wie einen köstlichen Schatz, legt er ihn auf seinen Teller, hebt ihn am Schwanz in die Höhe, und lässt ihn zum Neid der anderen Tischnachbarn ein wenig baumeln. »Der werd jetz in Präzisionsarbeit g'soizn, bis a woant«, sagt er, »die Delikatess.« Die anderen freundeln um ihn herum am Tisch, ham scho die Pfützen auf der Zunge und hoffen nur, wenn er g'schnittn, g'soizn und durch'zogn is, auf ein Probiererl.

Dabei erklärt er seinen Tischnachbarn: »Den Radi kenn' ich scho glei am Griff, was a is und wia a is. Die Kloana san die besten, net die Größt'n. Du muaßt des hoit im G'fui ham. Z'vui derf er a net boazn, sonst verliert a am Saft und am Radiaroma.« Und Gott sei Dank spricht er nun für alle, die am Tisch drumrum sitzen, das erlösende Wort aus: »Meng S' probiern, Herr Nachbar?«

Kapitel XVI

Die grüne Isar

Für mich als Kind besaß die grüne Isar, die man natürlich auch mal grau, gelb und braun, je nach Jahreszeit und Wetterlage, erlebt hatte, eine ganz besondere Faszination und Anziehungskraft. Hörte ich doch nie auf, zu Hause den ganzen Tag über unsere Köchin Elly zu piesacken und zu drangsalieren, bis sie nachgab, all ihre Töpfe in der Küche stehen ließ und meinem Wunsch nachkam, mit mir an die Isar zu gehen. Wir mussten in der Widenmayerstraße nur die Straße überqueren, den kleinen Weg den Hang hinabspazieren, und schon lag sie vor uns: die grüne Isar.

Meinen größten Spaß hatte ich daran, einen der langen, herunterreichenden Äste der vielen Weiden, die den Gehweg säumten, zu erklimmen, und mich – in Erinnerung an Tarzan und einer Liane – mit Anlauf weit über den Gehweg auf das Wasser hinaus zu schwingen. Die Elly stand Todesängste aus und versuchte mich zitternd zum Aufhören zu ermahnen, aber meine überschäumende Freude verbot es mir, auf sie zu hören. Und grad schön war's, und je öfters, desto schöner. Und einen riesen Massel hatte ich dann, als grade, wo es am schönsten war, die Weide riss und ich auf meinen Allerwertesten fiel. Gott sei Dank nicht in die Isar, sondern nur auf den erdverschmutzten Hang, wo der mächtige Baum stand. Keiner von uns konnte sich in diesem Moment vorstellen, mit welchem Ärger das verbunden sein würde. Es löste eine Krisensitzung der Familie beim Nachhausekommen aus, und auch nur, weil die Elly mit ihrem blassen und ängstlichen Gesicht angesichts meiner dreckigen Hose den vielen Fragen, die auf sie einprasselten, nicht standhalten konnte.

Heute hat die Isar eine andere Bedeutung für mich. Die vielen Biergärten, die die Isar säumen, wie die »Waldwirtschaft« in Pullach, einer meiner Lieblingsdomizile im Sommer, oder die »Einkehr« in Grünwald sind dagegen direkt ungefährlich, wenn man mit Freunden eine Floßfahrt, die man seit langem angezettelt hatte, auch einigermaßen trocken überstanden hat.

»So a Floßfahrt, die ist lustig«, heißt es im Volksmund. Aber bis man seine Freunde alle beisammen hat, des is so, als wenn Weihnachten auf Ostern fällt. Ja, das ist für den, der es organisiert, ein reines Geduldspiel.

Am Sonntag, also am fest ausgemachten Tag, regnete es in Strömen, wie aus allen Kübeln, am darauf folgenden Samstag war natürlich ein Teil verhindert. So fand sich an dem Tag, auf den wir uns dann einigten, nur ein Teil der Bekannten und Freunde ein, um als mutige und kühne Isarpassagiere auf unserem Floß dabei zu sein. Die meisten kamen in Tracht, in kurzer und langer Lederhose, die Mädchen mit ihren geschnürten Spencern und bunten Leinen-Dirndlkleidern mit weißen Spitzenschürzen – ein paar haben auch

81

das Thema verfehlt und sich angezogen, als ob sie in der Stadt ganz wo anders eingeladen wären, des waren die, denen es am Schluss der Isarreise überhaupt nicht gefallen hat. Wurden doch ihre schönen Seidenjacken und Seidenblusen zum Teil vollständig durchnässt und das Gesprächsthema bezog sich dann hauptsächlich auf die entsetzlichen Wasserflecken, die ihr Gewand ruiniert hatten.

Die grüne Isar mit ihrem türkisen und smaragdenen Schimmer, des dazugehörige Bierfassl auf dem Floß, die Brotzeit und die schneidigen Musikanten haben dafür den Rest der Gesellschaft erheitert. Von Marsch zu Marsch und von Landler zu Landler wurde die Fahrt auf unserem Floß immer rasanter und schneller und es gab fast keinen, der nicht ein paar Spritzer von dem edlen Isarwasser abgekriegt hätte. Ein Glück für uns alle, dass sich das Wetter zu einem heißen, sonnigen, weiß-blauen Bilderbuchtag entwickelte. Einige Stunden waren wir bereits mit dem Floß unterwegs und die Vorfreude auf Einkehr und darauf, wieder festen Boden unter den Füßen zu spüren, wurde für uns alle, trotz Spaß, immer größer. Plötzlich gab es einen heftigen Ruck und unser Floß war auf eine Kiesbank aufgefahren. Wir dachten schon, unsere Reise wäre beendet und wir müssten den Rest schwimmend ans Ufer zurücklegen.

Aber die Flößer san halt doch Pfundskerle gewesen, ohne viel Getu', Rederei und Wichtigmacherei ham's in nullkommanix unser Floß wieder flottgemacht. So konnten wir den Rest der wundervollen romantischen Fahrt, durch alle Farbschattierungen der Wälder und Bäume bis zu unserer sicheren Einkehr im ruhigen, weiten Bett der Isar, Endstation Floßlände Thalkirchen, genießen. Beim Aussteigen bemerkten doch einige voller Stolz, dass sie die Fahrt ohne einen Tropfen Wasser im Gesicht und am G'wand überstanden hatten. Des waren die, die voller Euphorie nur die Einkehr mit ihren Holzbänken und Holztischen der Floßlände im Visier hatten. Aber in dem Moment nicht die herannahenden, drohenden schwarzblauen Wolken am Himmel entdeckten.

Weiß-gelbe gespenstische Wolkentürme bauten sich auf und aus war's mit dem Gedanken der Einkehr in der Floßlände, alle hat's erwischt mit dem Hagel, der auf uns niederprasselte. Und die, die die Fahrt über keinen Sinn für Schönheit und Romantik hatten, sondern nur eine Sorge hatten, dass die Wasserflecken auf ihrer seidenen Garderobe nicht größeren Schaden hinterließen, brauchten jetzt auch keine Sorge mehr haben.

Und trotzdem – es war für uns alle ein unvergesslicher Zauber.

Kapitel XVII

Schwabinger Erinnerungen

Schwabing im Sommer – mit seinen Wochenend-Ausstellungs- und Lebenskünstlern auf der Leopoldstraße und den kleinen romantischen Hinterhöfen – hat bis heute nichts an Glanz und seinem besonderen Flair verloren. Für mich als Siebzehnjährigen hatte allein die Schwabinger Atmosphäre schon etwas Prickelndes.

Rialto, die Schwabinger Eisdiele, für alle, die gesehen werden wollten und die was zum Nachschauen suchten. Wenn man sich einmal als Jugendlicher ein Eis gönnte, das man sich absparen musste, und einen freien Platz im Rialto erkämpft hatte, sah man fast immer die gleichen Flanierer und Spaziergänger; sie liefen so richtig und wichtig Parade. Es waren immer die gleichen Leute und immer gingen sie am Rialto vorbei, bis der eine oder andere den Richtigen oder die Richtige entdeckte und dann versuchte anzubandeln.

Es hatte schon Filmatmosphäre, so in den 50-er Jahren. Offene weiße Chevrolets – das Heck nannte man Haifischflosse –, das Interieur meistens mit rotem Leder ausgestattet; auf dem Rücksitz das Wichtigste: ein Schwarm junger Mädchen mit weiten bunten Röcken und Petticoats; das war so das gewohnte Schwabinger-Leopoldstraßen-Flanier-Bild!

Damals, mein Spitzname war »Stanger'l« – der Name wurde mir zu Recht verliehen, da ich als Jugendlicher auch so aussah: dürr und klapprig –, hielt eines Tages, als ich so im Rialto saß, ein Wagen an, dem entstieg ein grau-melierter älterer Herr, er ging zu meinem Tisch und sprach mich an: »Darf ich Sie zum Abendessen einladen?« Ganz erschrocken, verdutzt, schüchtern und mit einem roten Kopf saß ich da, wusste nicht, wie mir geschah, stand voller Verlegenheit auf und verließ, ohne ein Wort zu sprechen, meinen Platz und lief davon. Der elegante Herr rief mir hinterher: »Seien Sie doch nicht so arrogant. Ich wollte Sie doch nur zum Essen einladen, weil Sie so verhungert aussehen.«

Der elegante Herr wußte wahrscheinlich nicht, wie wahr seine Worte wirklich waren und welchen Hunger ich hatte.

Unsere Wohnung befand sich Ende der 50-er, Anfang der 60-er Jahre in der wunderschönen Leopoldstraße 20, Ecke Ohmstraße. So konnte ich damals vom Fenster aus beobachten, wie die Leopoldstraße links und rechts mit Pappeln bepflanzt wurde. Und man konnte miterleben, wie auch das Schwabinger Straßenbild nach und nach eingerichtet wurde. Der Schriftzug wurde angebracht am Siegestor mit der Aufschrift: »Dem Sieg geweiht, im Krieg zerstört, zum Frieden mahnend«. Und die Quadriga kehrte triumphierend wieder auf ihren alten Platz auf dem Siegestor zurück.

Schwabing und damit auch die Leopoldstraße war bekannt für seine vielen Künstlernachtlokale mit ihren damaligen Live-Bands.

»Der Käfig« mit seinem berühmten Sternchen, das jahrzehntelang als Geschäftsführerin fungierte und jedem fremden Gast das Gefühl gab, eine langjährige Bekannte zu treffen und einen fast mütterlich betreute. »Der Käfig« hat in den letzten Jahrzehnten seine Attraktion nicht verloren, sind wir doch, auch nachdem ich mein Geschäft schon hatte, mit unserem Hollywood-Kunden Lorne Green (Ben Cartwright aus Bonanza) bei seinen München-Besuchen des Öfteren dort eingekehrt.

Horst Buchholz, Peter Kraus, Alain Delon … all diese Persönlichkeiten habe ich als Jugendlicher im »Käfig« kennen gelernt, wodurch sich bis zum heutigen Tag anhaltende Freundschaften entwickelten.

»Hund samma scho«, hat immer mein Freund Peter Igelhoff gesagt, der mich ab und zu zu einer Schwabing-Tour einlud. Und das bewies er auch im »Käfig« bei der attraktiven Bardame Antje. Er sagte zu mir: »Pass auf. Der Antje zeigen wir mein neues Spiel: ›Risipisi‹ hoaßt's.« Er nahm einige Streichhölzer aus seiner Hosentasche heraus, legte sie auf den Tresen und fügte sorgfältig und überlegt zwei bis drei Hölzchen hinzu.

»Rudolph, du musst die nächste Reihe anlegen«, sagte er nach langem Nachdenken. Man sah ihm die Anstrengung im Gesicht an. Er hatte seine Stirn in tiefe Falten gelegt. Es sah alles sehr wohl überlegt aus. Wie ich mir das »Risipisi«-Spiel vom Peter erklären lassen wollte, flüsterte er mir ins Ohr: »Es gibt keine Spielregel, hat überhaupt keinen Sinn, reiner Unsinn!«

Plötzlich schrie er lautstark, so dass es fast alle Personen hören konnten: »Risipisi!« und machte dadurch natürlich jeden aufmerksam und neugierig. »Ich habe gewonnen!«

Die Antje war nun nicht mehr zu bremsen, legte sich fast mit ihrem ganzen Oberkörper über den Tresen in Richtung Peter und gab keine Ruhe mehr; der Peter müsse ihr diese Spielregeln unbedingt erklären und sie wolle auch mitspielen. Mit langen, ausschweifenden Worten erklärte der Peter der Antje die »komplizierten« Spielregeln und fragte immer ganz scheinheilig nebenbei: »Antje, haben S'es verstanden?«

Die Antje sagte nach einigem Zögern sichtbar ratlos: »Ja, ja, ich hab's fast verstanden«. Nur wie man gewinnt, das war ihr noch nicht so ganz klar. Und das war doch für sie das Wichtigste. Der Peter erklärte ihr fast Wange an Wange nochmal das komplizierte Spiel und vor allem, was man tun müsse, um zu gewinnen. Plötzlich schrie die Antje auf und sagte: »Jetzt hab ich's verstanden!« Antje konnte nun nicht erwarten, das nächste Spiel mit Peter zu spielen. Nach einem kurzen Moment schrie Peter: »›Risipisi‹, ich habe gewonnen, ich habe gewonnen!«

Und Antje wollte sich die Blöße nicht geben, das Spiel eventuell nicht verstanden zu haben. Peter deckte sein Geheimnis nicht auf und wir spielten noch viele Male »Risipisi« mit Antje.

Kapitel XVIII

»Der ›Heilige‹ Berg ruft«

Jedes Jahr dasselbe. Ganz narrisch werden die Leut in München, schon Tage vorher, wenn Josephi im Kalender steht. Dann kriegt jeder Wallfahrtsgefühle auf zum Heiligen Berg. Nach alter Überlieferung und Motto der Vorfahren: »Der Berg ruft!« Jeder Münchner und Einheimische weiß, was damit gemeint ist: Die Wallfahrt zum Salvator auf den Nockherberg gehört zu München wie die Frauentürme.

Viel Diskussionen und Streit gibt's oft im Vorfeld, versuchen doch einige Ehefrauen, ihre Männer vor einem diesjährigen Rausch zu retten: »Diesmal gehst net, warst ja nur b'suffa letz' Jahr!«

Ganz schamhaft und leise sagt der Ehemann: »Ja, hast recht, das seh'n ma jetzt scho.« Am Schluss kann keiner den Lebenssaft entbehren und sie gehen dann doch gemeinsam zum Bierfest.

Einige Revolutionen hat er schon öfters ausgelöst, der Salvator, wenn's um den Bierpreis ging. Da gab's schon das eine oder andere Gerangel. Hat aber immer meist friedlich mit Umarmung geendet.

Die meisten Auseinandersetzungen – nicht unbedingt um den Bierpreis – basieren auf einer jahrhundertealten Geschichte: Preißn und Bayern. Also, ich weiß auch nicht, warum sie immer wie Hund

und Katz aufeinander losgehen. Wenn dann noch der Satz fällt: »Was willst denn du, du Saupreiß?«, dann ist garantiert der Moment eingetreten, auf den schon vorher einige Streithanseln gewartet haben.

Und vielleicht auch nur deshalb hingegangen sind.

Der festliche Ausschank auf dem Nockherberg wird eröffnet mit einem traditionellen Auftaktsspektakel, der Salvatorprobe. Das Schlimmste, was dir als Prominentem passieren kann, ist, nicht eingeladen zu werden. Wer aber in Bayern zu diesem Auftaktspektakel geladen wird, kann wohl sagen, dass er es zu etwas gebracht hat. Sämtliche Minister, wenn sie nicht anderweitig wichtige Dienstgeschäfte verhindern, sind da. Die höheren Beamten der Staats- und Stadtbehörde, Abgeordnete unterschiedlichster Parteien kommen, Presse und Kunst, Wissenschaft und Industrie kommen selbst oder schicken ihre Vertreter.

Ein Dichter sagte einmal: »Ein Mensch, in den nichts Gutes hineinkommt, aus dem kann auch nichts Gutes herauskommen.« Man hat den Eindruck, dass sich gerade auf dem Nockherberg viele Politiker an dieses Motto halten möchten.

Alle tun lang und ständig probiern und alle ham a Freid, vor allem weil's nix kost'. »Nix ist umsonst«, heißt's ja. Als Gegenleistung für das, dass es nichts kostet, müssen sie sich vom Festredner, Bruder Barnabas, schon saftig derblecken lassen. Und so mancher verzieht sein verkrampftes Gesicht verbissen zu einem Lächeln, sodass man meinen könnte, es sei den Festakt über eingefroren. Alle wolln's hin, die Politiker, die Prominenten aus der Wirtschaft, und man-

che werden sich fragen: »Warum bin ich eigentlich hingegangen, wenn ich so durch den Kakao gezogen werde???« Mosi und Daisy hatten ebenfalls die würdige Auszeichnung, mit derbleckt zu werden. Und trotzdem reißen sie sich nächstes Jahr wieder drum, in der Paulaner-Salvatorhochburg dabei zu sein.

Der Traum der meisten Bayern ist, so glaube ich, sich das bayerische Lebenselixier, den Salvator, zum Wohl des Körpers auf Rezept verschreiben zu lassen. Wahrscheinlich werden all die Krankenkassen nicht gerade begeistert sein, wenn sie die Rechnung für den nächsten Kasten Salvator eingereicht bekommen und dann noch bezahlen müssen. Dabei ist die kräftigende Wirkung des gehaltvollen Gebräus seit jeher bekannt: Denn ein Spezialarzt für innere Krankheiten, Dr. Max Dallmayr, verordnete schon 1923 seinem Patienten eine unterstützende Kur mit fünf Flaschen Paulaner Salvator. Na dann, zum Wohl!

Mei wär des schön, wenn der Traum, der damals Wirklichkeit war, heut in Erfüllung gehen würde. Hoffentlich bleibt des nicht nur ein »Münchner Traum«!

Kleiner Anhang

Die Geschichte des Salvator-Bieres

Im Jahre 1634 begannen die Paulaner Mönche aus dem Kloster Neudegg ob der Au, ein vortreffliches Bier zu sieden. Ursprünglich wollten die Mönche mit dem nahrhaften Gerstensaft nur die strengen Fastenregeln ihres Ordens umgehen, denn »Flüssiges bricht kein Fasten«. Aber das zur »eigenen Hausnotdurft« gebraute Bier erfreute sich bald so großer Beliebtheit, dass die kleine Klosterbrauerei zu einer ernsthaften Konkurrenz für die Münchner Brauer heranwuchs. Der Ausschank wurde verboten, aber die schlauen Mönche fanden einen Grund, das Verbot zu umgehen: Alljährlich im Frühjahr feierten sie zu Ehren ihres Ordensstifters, des heiligen Franz von Paula, ein Fest, zu dem sie auch Kurfürst Karl Theodor samt Gefolge einluden. Das von dem legendären Brauermönch Frater Barnabas zu diesem Anlass gebraute Bier war ein ganz besonderer Saft. Stark und süffig rann es wie Öl die Kehle hinab, und als Barnabas seinem Landesvater den ersten Krug des »Heilig-Vater-Bieres« mit den Worten »bibas princeps optime, salve pater patriae« kredenzte, konnte der Kurfürst nicht umhin, den Mönchen den Ausschank wieder zu gestatten. Aus dem »Heilig-Vater-Biere« wurde später der berühmte Salvator, der Urvater aller »ator«-Biere und Be-

gründer von »Münchens 5. Jahreszeit«, der Starkbierzeit. Heute wie damals wird alljährlich im Frühjahr zum Salvator-Anstich in München, der Starkbier-Hochburg auf dem Nockherberg, dem Landesvater feierlich der erste Krug gereicht.

Kapitel XIX

Bachauskehr im Englischen Garten

Ich als Bua und meine Freunde haben im Herbst mit der Bachauskehr im Englischen Garten im Eisbach die größte Freude gehabt. Im Gegensatz zu unseren Eltern. Und jedes Mal, wenn wir heimgekommen sind, dann waren nicht nur die Schuhe voll Schmutz und Schlamm, der die Schuhe zum Nicht-mehr-wieder-Kennen verfärbt und verändert hatte, sondern man war von oben bis unten einfach dreckert. Und ich sagte zu meiner Mama: »Schau her, die armen Fischerl, die Nasen, Koppen, die ihre letzte Bleibe noch bis zum Austrocknen in ihren Gumpen gefunden hatten, müssen doch gerettet werden. Das verstehst du doch.« Und ganz aufgeregt war ich jedes Jahr, wenn ich hörte, die Bachauskehr im Englischen Garten habe begonnen. Da rannte ich mit all den Einweckgläsern, die ich leer noch in der Vorratskammer auftreiben konnte, mehrmals am Tag in den Englischen Garten, um so viele Fischerl wie möglich zu retten. Die Mama sah mich nur mitleidig an und konnte sich nicht vorstellen, wo ich denn diese vielen Fische unterbringen würde, da bei meinem kleinen Aquarium, das ich besaß, das Wort klein nicht zutreffend war – es war einfach winzig. Am Morgen des nächsten Tages wussten dann meine Eltern genau, wo die Fischerl ihren Platz gefunden hatten, nämlich in der Badewanne. Der Papa schimpfte und meinte, es wäre kein Zustand – ich würde die ganzen Lebensgewohnheiten der Familie verändern – , und dachte schon darüber nach, was er in der Erziehung falsch gemacht hatte und so weiter und so fort.

Mama und ich konnten ihn einfach nicht beruhigen. Die Mama warf nur immer schlichtend ein, es sei ja nur vorübergehend. Auch das beruhigte ihn nicht. »Die Fische müssen sofort aus dem Haus«, war sein letztes Wort. Ganz unruhig und traurig ging ich in die Schule, wusste ich doch nicht, was mich bei meiner Rückkehr erwarten und mit meinen Fischerln passieren würde? Ohne Umwege nach Schulende sauste ich schnurstracks nach Hause, rannte die Treppe hinauf und stürmte ins Bad. Was sah ich zur Freude meiner Augen da! Papa und Mama knieten auf einigen Kissen im Badezimmer an der Badewanne und spielten freudestrahlend über das ganze Gesicht mit meinen Fischchen.

So haben sie dann doch für die nächsten vierzehn Tage ein wenig die Lebensgewohnheiten unserer Familie verändert, da niemand mehr die Badewanne benutzen konnte.

Und mit den Worten »das war fei das erste und das letzte Mal« von Papa brachte ich die Fischerl wieder zurück, nachdem der Eisbach wieder sein volles Flussbett erreicht hatte. Und die gleichen Worte sprach Papa noch viele Jahre, immer wenn sich die Fische nach der Bachauskehr für einige Tage bei uns in der Badewanne erholten.

Kapitel XX

Jugenderinnerungen ans Schachterl-Eis

Damals gab's für den jugendlichen Sportsmann kein Fitness-Center und keine Joggingmeile und keine Surfbrettln oder Roller-Blades, aber es gab eine Eisbahn: das »Schachterl-Eis«! Gemeint ist das Schachterl-Eis in der Galeriestraße unweit vom Englischen Garten. Schachterl-Eis wurde es deshalb genannt, weil's eigentlich noch kleiner war als eine Schachtel, aber sehr gemütlich; durch die Überfüllung gab es einem oft die Möglichkeit, sofort mit jemandem anzubandeln. Das war für uns Jugendliche unser nachmittäglicher Treffpunkt. Und als Teenies die erste Möglichkeit, das schon seit längerem bewunderte und angehimmelte Mädchen über den Haufen zu fahren, um einen näheren Kontakt herzustellen. Das stellte man sich immer dann vor, tat's aber nicht; sondern es blieb halt bei einem dezenten Anrumpler: »Mei entschuldigen S' bitte, das tut mir fei Leid«, waren die Worte. Und wenn's dann vor Schreck noch hingefallen und auf ihrem Allerwertesten gesaust sind, war der erste Handkontakt nicht mehr weit entfernt und man kam mit dem Sich-Entschuldigen kaum mehr nach. Und a besonders Massel hat man gehabt, wenn's einen dann Hilfe suchend angeschaut haben.

Hing'schaut hamma verstohlen schon, zu denen, die die Schlitt-schuhe mit dem eleganten Stiefel in einem Stück hatten und zu die Buam, die glei' mit die Eishockeyschuh protzten. Wir konnten uns das mit der Ebbe im Geldsackl nicht leisten. Wir haben halt unsere Schlittschuh noch an unsere Absätze und Schuhsohle hingeschraubt mit einem eigens dazugehörigen Schraubenschlüssel. Um einen guten Halt zu haben, hat man die Schrauben so fest angezogen, dass meistens beim ersten Schritt auf dem Eis der Absatz abriss. Dieses Modell war so ausgerichtet, dass man es eigentlich, um den Stiefel zu halten, hätte annageln müssen. Da konnte man nur noch mit Rie-men und Spagatschnüren und vielleicht noch mit ausgeliehenen Zopfbändern die Schlittschuh befestigen. Man fuhr dann halt ohne Stiefelabsatz noch wackeliger und unsicherer als vorher, und wie wir als Buam gesagt haben, immer »rennads«. Unsere Unsicherheit traf dann meistens die, die geruhsam und bedächtig ihren Achter fuh-ren, in der Mitte der Acht mit einer Drehung den letzten Bogen ver-suchten auszufahren und von rückwärts nicht sahen, wie wir unauf-haltsam in dieses Kunstwerk mit lebenden Personen hineindonner-ten.

Auf Eis war das Streben schon wegen die Madeln, dass wir Buam uns immer ein bisschen älter gaben. Aber das Fräulein an der Kasse empörte sich immer zu Recht, wenn wir über das Kinderbillett schon längst hinausgewachsen waren, aber immer noch auf dem Kinderbillett beharrten.

Nur ein paar Mal ist es passiert, aber das mit schweren Folgen. Sahen wir doch bei unserem fast allnachmittäglichen »Gewohnheitsrutscherl« unseren Geschichtslehrer, der, bekleidet mit Brille und Knickerbocker, behutsam in einer Ecke seine Figuren fuhr. Es war gerade jener, den wir einhellig, was für uns Freunde nicht immer selbstverständlich war, überhaupt nicht sehen wollten. Noch dazu, wo wir gerade an diesem Nachmittag, was wir ganz selten taten – aber wegen der Liebe zu unserem Schachterl-Eis immer häufiger wurde –, die Schule schwänzten. Aus war's mit dem Schachterl-Eis – Verbot für die nächsten Tage vom Papa, da er in letzter Zeit immer öfters diesbezüglich zu einer Elternversammlung von unserem allseits geliebten Geschichtslehrer in die Schule gerufen wurde.

»Ab heute übst du an meiner Unterschrift und schreibst dir in Zukunft deine Entschuldigungen selber!« Ich übte und schrieb für die Schule all meine Entschuldigungen. Mit dem Schachterl-Eis hatten wir noch viele Jahre eine Freude, bis der Betrieb eingestellt wurde.

Und eine große Freude habe ich bis zum heutigen Tag mit meiner Unterschrift, die bis heute mit der von Papa identisch ist.

's Bogenhausener Kircherl

Eine der kleinsten und schönsten Münchner Barockkirchen hoch über dem Isarufer mit dem Friedhof berühmter Münchner ist St. Georg in Bogenhausen. Malerisch liegt's da, das Kircherl. Gerade eine Inspiration für jeden Künstler, eine Ansicht aus Alt-München zu malen.

Meine erste Begegnung mit ihr als Münchner – ich gesteh's – war erst in dem Jahr, in dem Fürstin Gracia von Monaco ihren Tod gefunden hatte. Das monegassische Konsulat in München gab einen Gedenkgottesdienst in Erinnerung an die Fürstin in St. Georg.

Prominente Münchner, die sich im Leben hoher Wertschätzung erfreut haben, reihen sich ohne alphabetische Rücksicht aneinander.

Es beginnt mit dem Grab von Liesl Karlstadt (1892–1960), der Partnerin vom Valentin, die sich als Schauspielerin einen nicht mehr wegzudenkenden Platz in der Theatergeschichte ihrer Heimatstadt erarbeiten konnte.

Karl Valentin hingegen ist viele Jahre vor ihr in Planegg begraben worden.

Der Münchner Modepapst Heinz Schulze-Varell (1910–1985), geboren in Berlin, eröffnete nach dem Krieg in München eines der führenden Couture-Häuser und wurde 1965 mit dem Modepreis der Stadt München vom Modedirektor Alfred Wurm ausgezeichnet.

Der Schauspieler Rudolf Vogel (1900–1967), einer der groteskesten und witzigsten Erzkomödianten, bekannt aus unzähligen Filmen und von Münchner Bühnen.

Hans Knappertsbusch (1885–1965) einer der angesehensten Orchesterführer an der Bayerischen Staatsoper von 1922 bis 1936 und nach dem Krieg wieder von 1954 bis 1958.

Meine Großeltern waren mit Hans Knappertsbusch eng befreundet. Er wurde unter dem Jahr mehrmals von meinen Großeltern in die Widenmayerstraße eingeladen und lernte bei diesen Gelegenheiten meinen Vater kennen, der in jungen Jahren ein leidenschaftlicher Pianist gewesen war. Es war Papas Lebenstraum, Orchesterdirigent zu werden. Bei einem gemeinsamen Abendessen diskutierte man angeregt die Zukunft von Papa und ebendiesen Wunsch. Herr Knappertsbusch sagte: »Junger Mann, wenn Sie etwas Anständiges werden wollen, wo Sie auch Geld verdienen, dann werden Sie kein Musiker oder gar Dirigent!«

So viele Erinnerungen, Gedanken, freudige und schwermütige, begleiten einen bei einem Gang nach St. Georg. Haben uns doch bekannte Münchner, die hier ihren letzten Platz gefunden haben, lang durchs Leben begleitet.

So unter anderen auch der Schauspieler Carl Wery (1897–1957). An unzählige Filme erinnert man sich: ein Schauspieler, der mich als kleines Kind mit seiner Ausstrahlung von Stärke, aber auch mit väterlicher Güte in den Bann zog.

Robert Graf (1923–1966), der sich ebenfalls wie sein Vorgänger in den Kammerspielen unter Hans Schweikart einen großen Namen erarbeitet hat.

Für uns Kinder war Erich Kästner, der Schriftsteller (1899–1974), mit seinen Jugendbüchern, allen voran »Emil und die Detektive«, derjenige, der uns am meisten faszinierte – vor allem mit seinem Lebensmotto: »Es gibt nichts Gutes, außer man tut es!«

Gustl Waldau (1871–1958), bayerischer Staatsschauspieler und der gutmütige, väterliche Freund und Liebling des Publikums. Er hat sich mit seinem Einfühlungsvermögen und seiner ruhigen Art, aber auch mit seiner besonderen Stimme und Aussprache in alle Herzen gespielt.

Nicht zuletzt, aber auch in München schwer umstritten, der Rebell der Filmemacher; als Regisseur, Schauspieler, aber auch als Autor: Rainer Werner Faßbinder (1948–1982). Sein Münchner Lieblingsplatz, war – wenn er nicht vor oder hinter der Kamera stand – das Restaurant »Deutsche Eiche« im Gärtnerplatz-Viertel.

Die Gedanken reichen nicht aus, um all die Momente zu beschreiben, die mich an diese Münchner Figuren erinnern.

Über 20 Jahre wurde die Bogenhausener Gemeinde – verbunden mit großer Liebe zu München – von Pfarrer und Seelsorger Monsignore Hermann Streber betreut, der schon in seiner Kinderzeit die Liebe zum Bogenhausener Kircherl nicht verbergen konnte.

Von 1981 bis 2002 war er Pfarrer an diesem Ort. Heute verbindet uns ein langjähriges Kennen und Freundschaft.

Und wie gerne höre ich den Münchner Geschichten zu, die Monsignore Streber bei einem gemeinsamen Frühstück in meinem Hause zu erzählen weiß!

Zeittafel zum Bogenhausener Kircherl

1699

Voranschlag von Max Geiger, Maurermeister in München,
für Neubau des Pfarrhofs
*(Archiv des Erzbistums München und Freising, München:
Akten Bogenhausen)*

1702–1705

Bau von Pfarrhof (1704-05) und Witschaftsgebäuden durch
Johann Mayr, Stadtmaurermeister in München *(a. a. O.)*

1757

Amtsantritt des Pfarrers Franz Georg Riedl

1757, 30. August

Voranschläge des Zimmermeisters Franz Josef Krafft und des
Maurermeisters Leonhard Mathäus Gießl, beide in München
für Instandsetzung von Baufälligkeit am Pfarrhaus (zusammen
1344 Gulden)
(Archiv des Erzbistums München und Freising, a. a. O.)

1758

Voranschläge des Zimmermeisters Johann Mahl und des Maurermeisters Leonhard Matthäus Gießl, beide in München, für Instandsetzung von Pfarrhaus (Dach neuer Kamin), Stallung und Stadel (zusammen 2109 Gulden)

1759, 25. April

Überschlag von Johann Michael Fischer, Kurkölnischem Hofbaumeister und Bürger von München, auf Baumaterialien und Taglöhne für Maurer und Handlanger »zur Erbauung der St. Georgien (!) Kirche zu Bogenhausen« Bei den Baumaterialien eigens eingesetzt »Wurflatten« und Nägel »zur Machung dem Kirchengewölb«. Taglohn für Maurer und Handlanger veranschlagt auf mindestens 768 Gulden. Gesamtsumme 1294 Gulden.
(Bayerisches Hauptstaatsarchiv München: GL 2733/Nr 715)

1759, 1. Mai

Überschlag von Josef Mahl, Bürger und Zimmermeister, »wegen des beim Gotteshaus St. Georgen zu Bogenhausen vorzunehmen seienden Kirchenbaus«: Zu reparieren »wo nit gar neu zu machen« der Dachstuhl. »Zumalen der Dachstuhl ohnedies abgetragen werden muß, so könnten die Kirchenmauer(n) etwas höher erhebt und statt des hölzernen Tafelwerks ein mit Latte gemachtes Gewölb hergestellt werden.« Taglohn der Zimmerleute bei dem Dachstuhl 120 Gulden bei dem Gewölb

103

35 Gulden. Ausbesserung des Glockenstuhls 32 Gulden. Gesamtkosten einschließlich Materialien 519 Gulden 6 Kreuzer.

1759, 18. Mai

Gesuch des Pfarrers Riedl an Bürgermeister und Rat der Stadt München um Genehmigung der Instandsetzung der Kirche. »Das Gotteshaus so schelch und ruinos, daß alle Augenblick, besonders bei starkem Wind und Schnee, das Einfallen zu befürchten. Die Mauerbänk und der Dachstuhl völlig verfault.«

1759, 30. Mai

Eingabe der Bogenhausener Kirchenverwaltung an den Rat der Stadt München um Reparatur »dieses uralten sehr baufälligen Gotteshauses«. Zur Reparatur haben die Maurer- und Zimmermeister Kostenvoranschläge auf insgesamt 1813 Gulden 6 Kreuzer erstellt

1759, 8. Juni

Bürgermeister und Rat der Stadt München tragen die Angelegenheit dem Kurfürstlichen Geistlichen Rat vor

1760

August Josef Graf von Törring-Jettenbach (1728–1802) erwirbt das Schlossgut Neuberghausen

1760

dem Maler Johann Leonhard Agricola bezahlt 9 Gulden für
Fassung von sechs Himmelstangen (Tragstangen eines Prozes-
sionsbaldachins)
(Kirchenrechnung 1760, OBl. 19 v)

1765, 9. September

Pfarrer Riedl hat wiederum die Reparatur der Kirche beantragt.
Der Rat der Stadt München fordert von der Kirchenverwal-
tung einen gutachtlichen Bericht
(Stadtarchiv München: Ratsprotokoll 1765/II)

1765, 23. September

Wegen »ziemlichen Baufälligkeiten« »höchst notwendige
Reparationes«: Es sollen Überschläge über die Kosten verfasst
werden
(Stadtarchiv München: Ratsprotokoll 765/II, Bl. 99, auch 226)

1766, 4. Januar

»Da durch Herrn (Johann Michael) Fischer, Maurermeister,
und Josef Krafft, Zimmermeister, der Augenschein zum
vorgehabten Kirchenbau vorgenommen worden, (bezahlt) dem
Lehenrössler für Gefährt 1 Gulden 30 Kreuzer, dem Knecht
Trinkgeld 15 Kreuzer«
(Kirchenrechnung 1766, Bl. 22 v)

1766, 26. Februar

Dem Rat der Stadt München liegen »Riss samt Überschläge«
vor
(Stadtarchiv München: Ratsprotokoll 1766/I)

1766, 28. Februar

Der Rat der Stadt München beschließt, wegen der Finanzie-
rung noch Verhandlungen zu führen
(Stadtarchiv München: Ratsprotokoll 1766/I, Bl. 82 b)

1766, 3. März

beginnen die Zahlungen an Tagwerker am Bau
(Kirchenrechnung 1766, Bl. 23 v)

1766, 6. Mai

Johann Michael Fischer gestorben

1766

Aus verkauftem altem Täfelwerk der Kirche erlöst 5 Gulden
20 Kreuzer
(Kirchenrechnung 1766, Bl. 11 v)

1766

An Franz Josef Krafft, Zimmermeister, bezahlt wegen des neuen Dachstuhls 365 Gulden 54 Kreuzer. Gearbeitet haben der Palier 27 Tage, vier Zimmergesellen 96 Tage
(Kirchenrechnung 1766, Bl. 19 f)

1766

einem Zimmerpalier, so den Dachstuhl abzumessen nach Bogenhausen gehen müssen, zu Zehrung bezahlt 25 Kreuzer
(Kirchenrechnung 1766)

1766, 2. August

Für den Hebwein nach Aufhebung des Dachstuhls bezahlt 6 Gulden 6 Kreuzer
(Kirchenrechnung 1766)

1766

dem Ziegelmeister Josef Lachmayr zu Bogenhausen bezahlt 3000 Mauerstein und 1200 Stück Dachpreiß
(Kirchenrechnung 1766, Bl. 20 r)

1766

dem Johannes Pröbst, Kistlermeister zu Haidhausen, bezahlt 24 Gulden wegen zwei großen eingefassten Kirchentüren von Eichenholz
(Kirchenrechnung 1766, Bl. 22 r)

1766

dem Joachim Gabriel Achmüller, bürgerlicher Steinmetzmeister (in München), bezahlt 8 Gulden 15 Kreuzer wegen Staffeln zur Kirchentür von grauem Marmor
(Kirchenrechnung 1766, Bl. 22 v)

1766, 29. November

enden für dieses Jahr die Zahlungen an Bauarbeiten
(Kirchenrechnung 1766, B. 25 v)

1766

Summe der Ausgaben für Handwerksleut, Maurer, Zimmerleut und Handlanger in diesem Jahr 820 Gulden 8 Kreuzer
(Kirchenrechnung 1766, Bl. 26 r)

1766

in diesem Jahr für Baumaterialien (u. a. Glastafeln zu den Kirchenfenstern, Gips aus Lenggries) ausgegeben 1429 Gulden 42 Kreuzer
(Kirchenrechnung 1766, Bl. 19 v – 22 r)

1767, 5. März

der Zimmermeister Franz Josef Krafft gestorben
(Totenbuch St. Peter, München)

1767

Abschlagszahlung von 350 Gulden an Jakob Schönauer, Steinhauer in der Au, für 1500 Stück 14zöllige Steine zum Kirchenpflaster und 130 Schuh Antritt
(Kirchenrechnung 1767, Bl. 20 r)

1767

Herrn Philipp Hölterhof, Frescomaler, für Ausmalung der Kirche laut Beilage (nicht erhalten) die accordierten 245 Gulden bezahlt.
Demselben für noch weitere Malerarbeit oberhalb der Bohrkirche (Empore), für Ornamente so anders extra bezahlt 10 Gulden
(Kirchenrechnung 1767, Bl. 21 v)

1767

für Taglohn (36 Wochen) der Maurer, Zimmerleut und Handlanger bezahlt 982 Gulden 8 Kreuzer 4 Heller
(Kirchenrechnung 767, Bl. 21 v)

1767

einem Tagwerker, so Farb gerieben, zehn Taglöhne bezahlt mit 2 Gulden 30 Kreuzer. Für die Farb nach Bogenhausen zu tragen aus zweimalen bezahlt 18 Kreuzer
(Kirchenrechnung 1767, Bl. 22 r)

1767

Gesamtausgaben für Baumaterialien in diesem Jahr 1072 Gulden 41 Kreuzer (u. a. für Kalk aus Tölz und Lenggries, für Gips aus Lenggries)
(Kirchenrechnung 1767, Bl. 19 r – 20 v)

1768, 17. August

»Es ist heuer bereits im dritten Jahr, dass St. Georgii Pfarrgotteshaus fast vom Grund auf neu zu erbauen und zu restaurieren angefangen worden.« In diesem Sommer soll der Kirchenbau in der Hauptsache zu Ende gelangen.
(Bayerisches Hauptstaatsarchiv München: GL 2733/Nr. 715)

1768, 17. August

Der Rat der Stadt München beschließt, zu den Baukosten die Kirche von Ramersdorf und das Leprosenhaus am Gasteig heranzuziehen
(Stadtarchiv München: Ratsprotokoll 1768/II, Bl. 96, auch 189)

1768, 9. September

Pfarrer Riedl berichtet, dass der Rohbau vollendet ist. Graf August Josef von Törring-Jettenbach hat sich erboten, die Kosten für Hochaltar und Kanzel zu übernehmen
(Bayerisches Hauptstaatsarchiv München: GL 2733/Nr. 715)

1768, 17. September

Bericht an den Rat der Stadt: Das übrig gebliebene alte eiserne Kirchengätter, von guter starker Arbeit gemacht, wiegt gegen 25 bis 26 Zentner. Der Verkaufswert, das Pfund zu 15 Kreuzer, wird auf mehr als 600 Gulden geschätzt

(Bayerisches Hauptstaatsarchiv München: GL 2733/Nr. 715)

1768, 2. Dezember

August Josef Graf von Törring-Jettenbach, Hofratspräsident, hat versprochen, den Hochaltar und die Kanzel machen zu lassen. Pfarrer Riedl übernimmt die Erstellung der zwei Seitenaltäre

(Bayerisches Hauptstaatsarchiv München: GL 2733/Nr. 715)

1768, 7. Dezember

Bürgermeister und Rat der Stadt München berichten dem Kurfürsten, dass »dieser Pfarr-Gotteshaus-Bau, gleich wie selber unausweichlich erforderlich war, also auch auf eine sehr ersprießliche Art glückselig vollendet worden«

(Bayerisches Hauptstaatsarchiv München: GL 2733/Nr. 715)

1768

Herrn Philipp Hilterhofer, Frescomaler, für Ausmalung in den Chor und hinter dem Choraltar die accordierten 256 Gulden bezahlt

(Kirchenrechnung 1768, Bl. 18 v)

1768

 an Leonhard Agricola, Maler zu Haidhausen, für Fassung der
 zwölf Apostelleuchter bezahlt 16 Gulden
 (Kirchenrechnung 1768, Bl. 18 v)

1768

 an Andreas Koch, bürgerlicher Stuckator (in München),
 bezahlt 24 Gulden für Arbeit bei den Apostelleuchtern und
 anderes
 (Kirchenrechnung 1768, Bl. 18 v)

1768

 an Josef Mahl, Zimmermeister, bezahlt für Bauholz in zwei
 Posten 108 Gulden 49 Kreuzer
 (Kirchenrechnung 1768, Bl. 19 r)

1768

 dem Jakob Schönauer, Steinhauer ob der Au, für 312 Stück
 14zöllige Stein zum Kirchen- und Sakristeipflaster, das Hun-
 dert zu 19 Gulden, und für Reparierung des Taufsteins bezahlt
 insgesamt 111 Gulden 20 Kreuzer
 (Kirchenrechnung 1768, Bl. 19 v)

1768

 Ausgaben für Handwerksleut, Maurer, Zimmerleut und Hand-
 werker in diesem Jahr insgesamt 620 Gulden 55 Kreuzer

4 Heller. Davon Taglohn für Maurer, Zimmerleut und Handlanger 33 Wochen 456 Gulden 55 Kreuzer 4 Heller
(Kirchenrechnung 176, Bl. 20 v – 21 r)

1768

einem Tagwerker, so rote und schwarze Farbe reiben geholfen,
bezahlt 48 und 15 Kreuzer;
einem Maurer für zwei Tage Arbeit Anstreichen 50 Kreuzer
(Kirchenrechnung 1768, Bl. 21 r)

1768

Gesamtausgaben für Baumaterialien 364 Gulden 46 Kreuzer
(Kirchenrechnung 1768, Bl. 19 r – 20 r)

1768, 26. November

Pfarrer Riedl berichtet, dass der Rohbau der Kirche vollendet
ist
(Bayerisches Hauptstaatsarchiv München: GL 2733/Nr. 715)

1769, 14. Januar

Mit Genehmigung des Kurfürstlichen Geistlichen Rates sind
zur Fortsetzung des Kirchenbaus unverzinslich vorgeschossen
worden: vom Leprosenhause am Gasteig 2500 Gulden und
vom Gotteshaus Ramersdorf 2000 Gulden
(Kirchenrechnung 1769, Bl. 11 r)

1769, Juni

Der Rat der Stadt genehmigt den Verkauf des eisernen Gätters. Nach dem Verkauf soll zum vorhabenden Turmbau ein neuer Antrag gestellt werden.

(Stadtarchiv München: Ratsprotokoll 1769/I, Bl. 271 b, 313)

1769

Dem Josef Mahl, bürgerlichem Zimmermeister, bezahlt 10 Gulden 19 Kreuzer wegen eichernen Gattern, Nägeln. Taglohn

(Kirchenrechnung 1769, Bl. 19 r)

1769

Dem Johann Jakob Schönauer, Steinhauer ob der Au, bezahlt für 75 Stück Pflasterstein à 11 Kreuzer: 13 Gulden 45 Kreuzer

(Kirchenrechnung 1769, Bl. 19 v)

1770, 26. März

Der Kirchenbau ist bis daher ziemlich hergestellt und bis auf die Turmkuppel fast gänzlich zu Ende gebracht. Für die Turmkuppel liegen ein Überschlag des Zimmermeisters und dreierlei Modell vor. Die Kosten werden auf gegen 351 Gulden geschätzt

(Bayerisches Hauptstaatsarchiv: GL 2733/Nr. 715)

1770, 30. März

Der Rat der Stadt beschließt, wegen der Erbauung des Kirchenturms dem Kurfürstlichen Geistlichen Rat Bericht zu erstatten mit der Bitte um Genehmigung
(Stadtarchiv München: Ratsprotokoll 1770/I, Bl. 167)

1770, 23. April

Für das alte eiseren Kirchengätter, so circa 17 ½ Zentner gewogen, hat das Kloster Dietramszell 350 Gulden bar bezahlt;
(Das Pfund zu 12 Kreuzern gerechnet)
(Kirchenrechnung 1770, Bl. 10 r)

1770, 8. Mai

Der Kurfürstliche Geistliche Rat genehmigt, dass nicht nur die Turmkuppel um die in dem Überschlag spezifizierten 351 Gulden 24 Kreuzer neu hergestellt, sondern auch die Uhr und Orgel so anderes mittels der aus dem Kirchengätter erlösenden 350 Gulden repariert werden
(Stadtarchiv München: Ratsprotokoll 1770/I. Bl. 268)

1770, 14. Mai

Vertrag mit dem Münchner Bildhauer Johann Baptist Straub auf Errichtung des Hochaltars
(siehe 1773, 15. Mai)

1770

Der neue Hochaltar und Kanzel ist durch S. Exz. Tit. Herrn
Grafen August (Josef) von Törring als Guttäter hergestellt
worden, sohind das Gotteshaus von solch großen Ausgab ent-
übrigt ist
(Kirchenrechnung 1770, Bl. 18 v)
Zu den Assistenzfiguren des Hochaltars: Verbindungen der
dargestellten Donatus und Irene mit der Familie Törring fest-
zustellen, ist weder im Törring-Archiv noch in der Literatur
und in den Matrikeln von U. L. Frau und St. Peter in München gelungen.

1770

In der Inschrift über dem Altarhausbogen ergibt die Auflösung
des Chronogramms die Jahreszahl 1770

1770

Gesamtausgaben auf Baumaterialien (darunter forchene Schin-
deln und Kalk) 47 Gulden 37 Kreuzer
(Kirchenrechnung 1770, Bl. 18 r)

1770

an Johannes Pröbstl, Kistlermeister zu Haidhausen, bezahlt für
Arbeit 13 Gulden 4 Kreuzer. Demselben für drei große Tafeln
zu den drei Altären 5 Gulden
(Kirchenrechnung 1770, Bl. 18 v)

1771, 4. Mai bis 12. Oktober

(den Turm betreffend) Zahlungen an Maurerpalier (nicht mit Namen genannt), Maurer, Handlanger, Zimmerpalier (nicht mit Namen genannt) und Zimmerleute insgesamt 724 Gulden 44 Kreuzer

(Kirchenrechnung 1771, Bl. 20 v – 25 v)

1771, 28. Juni

»Bei Aufhebung der Turmkuppel den Arbeitern für den so genannten Hebwein« bezahlt 1 Gulden 36 Kreuzer

(Kirchenrechnung 1771, Bl. 22 r)

1771, nach 23. August

Mit dem Zimmermeister für die ganze Turmkuppel anzustreichen pactiert 3 Gulden

(Kirchenrechnung 1771, Bl. 24 v)

1771

für Materialien zum vorgenommenen Turmkuppelbau u. a. ausgegeben 168 Gulden 25 Kreuzer. Für Baumaterialien insgesamt in diesem Jahr 281 Gulden 57 Kreuzer

(Kirchenrechnung 177, Bl. 18 r – 19 r)

1771

dem Zimmermeister Josef Mahl wegen der neugemachten Turmkuppel bezahlt 175 Gulden.

Zahlung an Franz Müllbacher, Hammerschmied, für ein eiser-
nes Turmkreuz
(Kirchenrechnung 1771, Bl. 19 v)

1771

dem Leonhard Agricola, Maler zu Haidhausen, bezahlt für
Vergoldung der sechs Uhrzeiger und des Eisenkreuzes 18 Gulden, demselben für Malung der drei Uhrzifferblätter 7 Gulden
12 Kreuzer
dem Maler Matthias Zwerger wegen Malung der Sonnenuhr
3 Gulden 30 Kreuzer
dem Josef Obermayer, Bürger und Spengler, für Arbeit an der
Turmkuppel 50 Gulden 45 Kreuzer
(Kirchenrechnung 1771, Bl. 20 r)

1772

an Josef Mahl, Zimmermeister, Restzahlung 37 Gulden
15 Kreuzer
(Kirchenrechnung 1772, Bl. 18 r)

1773, 15. Mai

Gesamtabrechnung 550 Gulden mit Johann Baptist Straub für
den Hochaltar
*(Quelle: Törring-Archiv, zitiert von Carola Giedion-Welcker,
Bayerische Rokoko-Plastik: J. B. Straub, München 1922, S. 74,
Anm. 137)*

1773

Ausgaben für die ganz neu hergestellte Turmuhr: an Matthias
Bernhard, Uhrmacher und Schmied zu Pöcking, 80 Gulden;
an Josef Heilbrunner, Kistler zu Haidhausen, für den Uhr-
kasten 15 Gulden
(Kirchenrechnung 1773, Bl. 18 v)

1773

Orgelwerk von Anton Bayr, Orgelmacher in München (geb.
etwa 1715, heiratete 1743, gest. 1792).
Die Orgel wurde 1864 nach Hohenbercha (Freising) abgege-
ben.

1774, 28. Januar

»Dem Bildhauer Ignazi Günter für die neue Canzel Abschlags-
zahlung 250 Gulden«
*(Quelle: Törring-Archiv, Rechnungsbuch C 134. Zitiert von
Adolf Feulner, Ignaz Günter, 1920, S. 36 Anm. 23. Desgl. 1947,
S. 118)*

1775

an Franz Gaullrapp, Bürger und Maler (in München), bezahlt
wegen Fassung und Marmorierung des Orgelkastens 30 Gulden 24 Kreuzer
(Kirchenrechnung 1775, Bl. 18 v)

1775

an Josef Heilbrunner, Kistler und Mesner zu Haidhausen,
bezahlt 52 Gulden wegen neu gemachten Lamberien auf
zwei Seiten (Wohl des Altarraums) von Eichenholz samt Anstreichen
(Kirchenrechnung 1775, Bl. 19 r)

1777

vollendet die zwei Seitenaltäre laut Schreiner- und Fassmaler-
inschrift auf der Rückseite der Mitra des heiligen Korbinian im
rechten Seitenaltar
*(Quelle: Notiz in der Registratur des Pfarramts Heilig-Blut,
München-Bogenhausen)*

1777

angeschafft Vorhänge der Kirchenfenster (im Altarraum).
Zwei Aufsätze über die Vorhänge angefertig vom Kistler
Josef Heilbrunner; die Fassung derselben besorgt
um 3 Gulden 20 Kreuzer von dem Maler Matthias
Zwerger
(Kirchenrechnung 1777, Bl. 19 r und v)

1786

die eingefallene Friedhofsmauer repariert. An den bürgerlichen
Maurermeister Matthias Widtmann in München dafür

bezahlt für 6500 Mauersteine und vier Wochen Maurertaglohn
173 Gulden 59 Kreuzer
(Kirchenrechnung 1786, Bl. 18 v; 1787 Bl. 18 v nochmals
6 Gulden 17 Kreuzer)

1789, 16. Februar
Pfarrer Franz Georg Riedl gestorben

1802
drei Törring-Epitaphien aus dem Franziskanerkreuzgang in
München nach St. Georg versetzt
(Staatsarchiv München: Törring-Archiv, C 120)

1866
Renovierung des Innern. Voranschlag des Fassmalers Math.
Gebhart für Renovierung des Hochaltars 70 Gulden, der zwei
Seitenaltäre 100 Gulden, der Kanzel 40 Gulden

1905-06
Renovierung des Äußern. Erwähnt teilweise verfaulte Kirchen-
turmschalung, Neudecken des Schindeldaches am Kirchturm;
ausgeführt durch den Architekten Alphons Hering
(Registratur des Pfarramtes Heilig-Blut)

1925
Kupferhelm der Turmkuppel

1969-70

Renovierung des Innern der Kirche

1971

Renovierung des Außenbaus, farbige Tönung

Kapitel XXII

Die historische Münchner Hundskugel, älteste Gaststätte Münchens seit 1440

Hausgeschichte: Bereits anno 1440 wird das Anwesen erwähnt. Es ist aus zwei Häusern entstanden, die wahrscheinlich schon vor 1500 zu einem Wohnhaus verbaut waren. Aus dem Häuserbuch der Stadt München ist ersichtlich, dass um 1480 Herzog Sigmund der Besitzer eines der Häuser war. Schon 1440 befand sich im Hause Hackenstraße/ Ecke Hotterstraße die älteste nachweisbare Gaststätte Münchens. Der Name Hundskugel, den die Gaststätte heute trägt, leitet sich her vom früher so genannten südlichen Abschnitt der Hackenstraße, auf den auch das Relief am Haus Hackenstraße 10 anspielt. Bei der Gaststätte »Zur Hundskugel« handelt es sich um ein Bürgerhaus, das an der Seite zur Hackenstraße noch die alte Aufzugsvorrichtung zu den Lagerböden im Speicher besitzt.

Seit anno 1924 nannte sie eine traditionsreiche Brauerei Münchens, die Löwenbräu, ihr Eigentum, bevor die Hundskugel 1983 in unseren Familienbesitz überging.

Über die Entstehungsgeschichte des Reliefs am Haus Hackenstraße, das an Stelle eines früheren Wandgemäldes angebracht wur-

de, gibt es verschiedene Versionen. So wird die Sage erzählt, spielende Hunde hätten diese Kugel zum Neuhauser Tor hereingerollt, woraufhin der damalige Besitzer das Fresco anbrachte.

Die liebe Mama hat einmal in einem ihrer Briefe an mich geschrieben: »Du hast im Leben mit Deiner Arbeit und Deinem Fleiß so wunderbare Dinge erstanden; Du musst erkennen und glücklich sein, dass Du ein Kleinod wie die historische Hundskugel, als eines der drei letzten ältesten Häuser von München, 28 Jahre früher erbaut als die Frauenkirche, erstanden hast. Sei Dir dessen bewusst, sei dankbar, schütze und pflege sie und halte sie bis zuletzt!« Es klingt wie ein Vermächtnis.

Mein Ziel war, nachdem ich sie aufwändig restauriert hatte, die Hundskugel zu dem zurückzuführen, was es einst einmal war: Eine Münchner Gaststätte mit Atmosphäre, ein Wohnzimmer für alle. Der Schriftsteller Stefan Zweig erwähnte in seinem Roman »Der Erfolg« des Öfteren die Hundskugel. Meine Familie, Großtanten und Großonkeln haben schon damals den Wert des Münchner Wohnzimmers in der Hundskugel erkannt und lieben gelernt. Wenn man die Geschichte der Hundskugel liest, so kann man erkennen, dass die Betreiber der Hundskugel, abgesehen von ihrer Funktion, für die Münchener eine bayerische Gaststätte mit Rezepten aus Omas Zeiten zu sein, auch erkannt haben, wo Menschen Freude haben, wo Menschen Erfolg haben, auch anderen Menschen zu helfen ist. Somit setzt die Hundskugel heute noch die Tradition fort und gibt mehrmals im Jahr einen Abend für obdachlose Menschen, um zu

helfen, ihre Not für ein paar Stunden zu vergessen. Heute ist die Hundskugel in sämtlichen Geschichtsbüchern von München mit ihrer Historie erwähnt.

Bischöfe und Mönche schätzten schon seit Jahrhunderten die Hundskugel, sodass es heute noch ein Sakristei-Tischchen gibt, das an diesen Platz erinnert. Dieses Tischchen war der Lieblingsplatz von Else Moshammer.

Königin Sonja von Norwegen besuchte anlässlich ihres Staatsbesuches in München in den 1990-er Jahren die Hundskugel.

Und heute ist die Hundskugel mit ihrer Liebe zum Detail für die meisten Fremden, die München besuchen, ein beliebtes Ziel zur Einkehr.

Schlusswort

Vielleicht können Sie jetzt ein bisschen verstehen, warum ich von *meinem* München und *meinem* Wohnzimmer gesprochen habe.

Wenn am Morgen die Stadt erwacht und von weitem für jedermann sichtbar die Türme der Frauenkirche, das Wahrzeichen von München, über alles emporragen, dann beflügelt einen dieses erhebende Gefühl.

Man weiß, man darf sich im Filetstück der Welt zu Hause fühlen: in München.

Die erlebten Erinnerungen, die einen bis zum heutigen Tage begleiteten, und was man als Original-Münchner in seiner geliebten Stadt fühlt, was einen da bewegt, das kann in seiner Vielzahl eigentlich gar nicht zum Ausdruck gebracht werden.

Vieles hat sich in München bereits verändert und vieles wird sich noch verändern. Aber die bayerische herzliche, südliche Mentalität, mit der sich München den Menschen von jeher präsentiert hat, die wird sich nicht verändern.

Und das wird die Menschen, die in dieser Stadt leben oder sie zum ersten Mal besuchen, immer wieder faszinieren und erfreuen.

Und bestimmt gibt es viele, die München besuchen oder in München leben und heute schon oder in Zukunft sagen werden:

»Mein geliebtes München!«

Pfüat di Gott

Quellen

Xaver Krenkl, basiert auf: Sieglinde Köhle, »Kleine Münchner Stadt-Geschichten«, Hugendubel, München 1991.

Weiß-Ferdl, Der Wagen von der Linie 8, © 1982 by Münchner Humor Musikverlag c/o Pirol Musikverlag Ralph Siegel.

Zur Geschichte des Salvator-Bieres: Mit freundlicher Genehmigung der Paulaner-Brauerei, München.

Die Entstehung der Weißwurst: Mit freundlicher Genehmigung der Gaststätte »Einkehr zum ewigen Licht«, München.

Valentin fährt Straßenbahn, aus: Karl Valentin, »Gesammelte Werke Bd. 1«, Piper Verlag GmbH, München 1985

Zeittafel zum Bogenhausener Kircherl, aus: Norbert Lieb, »Sankt Georg in München – Bogenhausen«, Ehrenwirth, München 1992.